解读多元文化讯息
激荡渴求知识的纯美心灵

提升青少年社交素养的

礼仪达人

主编◎高原

图书在版编目(CIP)数据

礼仪达人:提升青少年情商礼仪礼节全书／高原主编． -- 长春:东北师范大学出版社,2019.1(2021.6重印)
(新时期青少年百科)
ISBN 978-7-5681-5031-6

Ⅰ.①礼… Ⅱ.①高… Ⅲ.①礼仪 - 青少年读物 Ⅳ.①K891.26-49

中国版本图书馆 CIP 数据核字(2018)第 228053 号

□责任编辑:陈　丹　　□封面设计:蔚蓝风行　睿珩文化
□责任校对:张婷婷　　□责任印制:张允豪

东北师范大学出版社出版发行
长春净月经济开发区金宝街 118 号(邮政编码:130117)
电话:0431-84568071
网址:http://www.nenup.com
东北师范大学出版社激光照排中心制版
天津久佳雅创印刷有限公司印装
天津市宝坻区牛道口镇产业园区一号路 1 号
2019 年 1 月第 1 版　2021 年 6 月第 2 次印刷
幅面尺寸:170mm×240mm　印张:12　字数:270 千

定价:　35.80 元

前言
Qian yan

荀子曾经说过："不学礼无以立，人无礼则不生，事无礼则不成，国无礼则不宁。"真可谓有"礼"走遍天下，无"礼"寸步难行！

文明礼仪是我们中华民族的传统美德，也是社会主义精神文明的重要组成部分和学校德育工作的主要内容之一，又是一个国家、民族道德风貌和文明程度的反映。

良好的礼仪习惯是一种资本，可以转化为一个人内在的性格、情操，将影响一个人一生的发展。得体的言谈举止是每一个向往成功的青少年必修的一门课，也是自尊与尊重他人的表现。

随着社会文明程度的进步和发展，人们的交往日益频繁。礼仪作为联系沟通交往的纽带和桥梁，显得更加重要。

本书是一本专门为青少年量身定做的礼仪读本，全面介绍了各种现代礼仪规范，如举止礼仪、社交礼仪、交往礼仪、特殊场合的礼仪、送花礼仪、馈赠的礼仪、在学校的礼仪、就餐礼仪、外出礼仪等，以及在各种场合交往的实用技巧，并导引出详细周到的礼仪要点，针对性强，极具实用性。

本书在介绍礼仪要点的同时，还进行了相关的知识链接，并穿插大量古今中外的礼仪故事，旨在让青少年更清晰地了解各种礼仪的知识，加深理解和记忆。文中配有精美的图片，让抽象的文字更生动。青少年读者可以在寓教于乐的阅读过程中轻松掌握，轻松实践。

前进的社会呼唤文明，科学的未来呼唤文明。

只有知礼、守礼、讲礼，才能立足于社会，才能与他人得体交流、得体互动，才能拥有一个美好的未来。

编 者

目录 MULU

第1章 行为举止礼仪

站姿的礼仪…………002~003
 当你站立时 / 站立的两种方法 / 向长辈、老师、同学问候或作介绍时 / 男孩站立时 / 女孩站立时
坐姿的礼仪…………004
 正确的入座方法
行姿的礼仪…………005~006
 给男孩的建议 / 给女孩的建议
手势的礼仪…………007~008
 区域性差异 / 手势宜少不宜多 / 挥手致意 / 避免出现的手势
微笑的礼仪…………009~010
 当你结识新朋友时 / 当你想化解矛盾时 / 在不方便上前打招呼时
眼神的礼仪…………011
 表示友好的眼神 / 表示尊重的眼神

第2章 社会交往礼仪

使用电话的礼仪…………013~016
 拨打电话的礼仪 / 接听电话的礼仪 / 电话用语
使用手机的礼仪…………017~018
 安全使用手机 / 遵守公德 / 当你未能及时接听他人电话时 / 当电话中断时 / 文明使用手机短信
使用公用电话的礼仪…………019
 要轻拿轻放 / 要长话短说 / 要注意语气态度 / 不要恶意拨打或恶意盗打公用电话
交谈的礼仪…………020~038
 把握好礼貌用语 / 声音的讲究 / 不良习惯的克服 / 你有来言，我有去语 / 如何避免对方昏欲睡 / 谈话的距离 / 谈话中倾听的艺术及技巧 / 用积极的倾听表示你接受 / 对非语言信息的积极"倾听" / 在交谈中善用委婉语 / 幽默的礼仪 / 在交谈中善用赞美的艺术 / 如何赞美别人 / 谈话的忌讳
见面时的礼仪…………039~047
 日常礼貌用语 / 如何打招呼 / 如何称呼 / 自我介绍 / 如何为他人介绍
握手的礼仪…………048~051
 握手的次序 / 握手的时间与力度 / 握手时的注意事项
迎来送往…………052~053
 当客人到来而被访者不在时 / 当被访者不能马上与来访者会面时 / 怎样接待不同民族的来访者 / 各种场合中的待客之道
拜访礼仪…………054~055
 拜访时的注意事项 / 不同场合的访客之道
邀请礼仪…………056~058
 明确邀请的目的 / 邀请的方式 / 如何正确地使用请柬 / 邀请的注意事项 / 当你被邀请时 / 谢绝邀请的礼仪
道歉的礼仪…………059~061
 道歉是一种风度 / 道歉的方式
对待残疾人的礼仪…………062~063
 在交谈时 / 在眼神上

目录 MULU

对待老人的礼仪……………064~065
　　礼貌的称谓／在公共场合遇到老人时
网络礼仪…………066
　　遵循网络礼仪／文明上网，坚决杜绝一些不良行为

第3章 / 在学校的礼仪
课堂礼仪…………068
　　上课／听讲／下课
服饰仪表…………069
　　正确地穿着校服／不要一味地效仿他人／根据自身条件选择适宜的装扮
尊师礼仪…………070
　　与老师相遇时／在老师的工作、生活场所／不要私下对老师评头论足／正确对待批评／遇到节日时
同学间的交往礼仪……………071~073
　　同学之间要有礼貌／同学之间要热忱相待／同学之间要团结友爱／同学间相处要大公无私／
　　同学间相处要有公德意识／同学间交往八大禁忌
住宿学生礼仪…………074~075
　　谦逊、礼让／遵守住宿的规定／注意搞好个人卫生／相互关心，团结友爱／重视公共卫生与安全／
　　不要过分打听别人的隐私
校内公共场所的礼仪……………076~078
　　在操场或礼堂举行活动时／在图书馆里／在食堂用餐时／如厕时

第4章 / 家庭、邻里间的礼仪
家庭礼仪…………080~081
　　时刻送上你充满爱意的问候／尊老、爱幼，善待每一个家人
与邻里交往的礼仪……………082~085
　　礼貌待人，亲切友好／学会体谅与包容，避免争端

第5章 / 特殊场合的礼仪
男孩女孩聚会礼仪……………087~089
　　女孩在聚会中应注意的礼仪／男孩在聚会中应注意的礼仪／
　　学会适合时宜地开玩笑／在不同场合的聚会上应注意的事项
听音乐会和上剧院的礼仪……………090~091
　　观看演出时的着装／提前或准时到达／在演出过程中
参观展览会的礼仪…………092
　　保持安静／认真听讲解／注意"请勿动手"／不要乱丢废弃物
参加婚礼的礼仪……………093~094
　　注意自己的穿着／如果你是婚礼上的花童／参加婚宴的注意事项
参加葬礼的礼仪…………095
　　服装要得体／要控制情绪／言语、举止要得当／要尊重当地丧俗

第6章 / 送花的礼仪
把握送花的时机……………097~098
　　迎接宾客／为即将远行的朋友送行／参加婚礼／祝寿／探望病人／探望产妇／乔迁／祝贺节日
各国送花习俗与礼节……………099~100
送花的节日……………101~103
　　春节／母亲节／父亲节／中秋节／清明节／教师节／情人节／圣诞节

第7章 馈赠的礼仪

馈赠的原则…………105~106
　送人礼物要真诚 / 买礼物要"量力而行" / "受人财不以为富"
如何选择礼品…………107~109
　了解对方的喜好 / 考虑具体情况 / 选择合适的礼物 / 选择馈赠礼品需注意的问题
家庭馈赠礼仪…………110
　怎样给长辈送礼物 / 兄弟姐妹之间的赠礼
受礼礼仪…………111~112
　接受礼物时 / 回赠 / 拒绝馈赠的艺术
国外的馈赠礼仪…………113~115
　在一些亚洲国家 / 在一些欧美国家 / 在一些拉丁美洲国家

第8章 餐桌上的礼仪

餐前、餐中、餐后的礼仪…………117~122
　餐前礼仪 / 餐桌上的礼仪 / 餐后礼仪 / 结账的礼仪
西餐礼仪…………123~129
　入餐礼仪 / 餐巾布的使用 / 进餐时餐具的使用 / 进餐完毕时餐具的使用 / 西餐上菜的顺序与点菜 /
　享受西餐时的注意事项
自助餐礼仪…………130~131
　拿取食物要量力而行 / 拿取食物要找对方向 / 拿取食物时不要离餐台过近 /
　取完食物要将公共餐具放回原位 / 餐后打包

第9章 外出礼仪

公共场所的礼仪…………133~146
　注意事项 / 电梯礼仪 / 在公共卫生间的礼仪 / 在商场的礼仪 / 在咖啡厅喝咖啡的礼仪 /
　在医院的礼仪 / 学会做个合格的路人
乘公共交通工具的礼仪…………147~156
　搭乘私家车时 / 搭乘出租车时 / 搭乘公交车时 / 搭乘地铁时 / 搭乘火车时 / 搭乘船只时 / 搭乘飞机时
入住宾馆的礼仪…………157
　在大堂、走廊等 / 在客房 / 退房时
旅游的礼仪…………158
　做一个友善的旅者 / 做一个文明的旅者

第10章 各国传统节日礼仪

中国传统节日的礼仪…………160~167
　春节 / 元宵节 / 清明节 / 端午节 / 中秋节 / 重阳节
西方传统节日的礼仪…………168~179
　元旦 / 情人节 / 狂欢节 / 国际劳动妇女节 / 复活节 / 愚人节 / 国际劳动节 /
　国际儿童节 / 国际护士节 / 母亲节 / 父亲节 / 万圣节 / 感恩节 / 圣诞节

第11章 世界各国的禁忌

涉外活动禁忌…………181
　涉外活动中的言行忌 / 涉外活动中的拍照忌 / 涉外活动中的卫生忌
商业活动中的禁忌…………182
日常风俗中的禁忌…………183
日常生活中的禁忌…………184
对花朵的禁忌…………185
外国人送花的禁忌…………186

第1章

讲礼貌不会失去什么,却能得到一切。
——玛·沃·蒙塔古

行为举止礼仪

站姿的礼仪

亲爱的青少年朋友，当我们走在大街上时，只要稍稍留心，就会发现人们的站姿各异，有的优美，有的怪异，有的随意，有的拘谨，但很少有真正得体的站姿。

作为青少年，尤其应该注意自己的站姿。良好的站姿，不仅有利于自己的身体健康和发育，而且能表现出良好的精神风貌和对别人的尊敬，给人留下良好的印象。

当你站立时

注意身体重心

当你站立时，正确的站姿应该是这样的：身体挺直，从正面看，重心线应在两腿中间向上穿过脊柱及头部，要防止重心偏离，用两个前脚掌承重。

表情要自然

表情要自然，勿做作，眼睛要平视，挺胸、收腹，双臂自然下垂或置于腹部，不可抱在胸前。

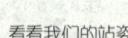

看看我们的站姿

站立的两种方法

双脚呈"V"字形，膝部和脚后跟要靠紧。两脚张开的距离约为两拳。

还可采用双脚并拢，或是把重心放在一只脚上，另一只脚超过前脚斜立而略弯曲，这种站姿会显得优美自然。

以上两种站法上身都要保持挺直，下巴稍往内收，肩膀要平，腹部收紧，臀部不能翘起。避免一站三道弯——低头、含胸、屈腿，切忌身体摇晃、左顾右盼、吊儿郎当。

向长辈、老师、同学问候或做介绍时

向长辈、老师、同学问候或做介绍时，不论握手或鞠躬，双足都应并立，相距10厘米左右，膝盖要挺直。

◻ 男孩站立时

男孩要站得挺拔，双脚应与肩同宽，身体要直，一只脚可向后撤半步，但不可把脚向前后或左右伸得太多或叉开很大。

◻ 女孩站立时

女孩站立时应该自然放松，身体直立，双腿并拢，只有这样才能体现出一个女孩的曲线美，就像文学作品中形容的：亭亭玉立、婀娜多姿。

如果你在站立的时候驼着背、垂着头，那么，你的身高看起来要比实际高度矮很多，而且失去了一个女孩的青春朝气。

当你会见客人或出席各种仪式时，有站立的场合，或者是站在长辈及上级面前时，你若把手交叉抱在胸前则是一种傲慢的表现，把手放在背后也显得不雅，若是两手叉腰那就更不好了。

假如一位女孩与异性站在一起时，身体左摇右晃，给人的感觉将是轻浮、不大方。若是你把身子倚靠在墙上，也许会给人留下萎靡不振的印象。

只有正确的站姿，才能给人留下美好的形象。试问，如果你是女孩，你要给别人展示什么呢？

女孩优美的站姿

龙文小百科　几种不同场合的站姿

在日常生活的某些场合中，常常有人站着时手足无措，双手不知放在何处才好。其实，站姿可以随着场合进行调整。

一、在正式场合可采用的站姿

①肃立：身体直立，双臂置于身体两侧，双腿自然并拢，脚跟靠紧，脚掌分开呈"V"字型。

②直立：身体直立，双臂下垂置于腹部。女性将右手搭握在左手四指，四指前后不要露出，两脚可平行靠紧，也可前后略微错开；男性左手握住右手腕，贴住臀部，两脚平行站立，略窄于肩宽。直立的站法比肃立显得亲切随和些。

二、在非正式场合可采用的站姿

①车上的站姿：在晃动的车（或其他交通工具）上，可将双脚略分开，以求保持平衡，但开合度不要超过肩宽；重心放在全脚掌，膝部不要弯曲，稍向后挺。即使低头看书，也不要弯腰驼背。

②等人或与人交谈的站姿：这时可采取一种比较轻松的姿势。脚或前后交叉，或左右开立，肩、臂不要用力，尽量放松，可自由摆动，头部要自然直视前方，使脊背能够挺直。采用此姿势，重心不要频繁转移，否则给人不安稳的感觉。

③接待员式站姿：脚型呈"O"形的人，即使脚后跟靠在一起，膝部也无法合拢，因此，可采用此种站姿。将右脚跟靠于左脚中部，使膝部重叠，这样可以使腿看起来较为修长。手臂可采用前搭或后搭的摆法。拍照或短时间站立谈话时，都可采用此种站姿。

总之，站的姿势应该是自然、轻松、优美的，不论站立时采用何种姿势，只有脚的姿势、角度及手的位置在变，而身体一定要保持挺直。

坐姿的礼仪

得体的坐姿是一种静态美，对于青少年来说是极其重要的，尤其对于学生来说，身体正处于发育阶段，如果不养成一种正确的坐姿，就会给身体带来不良的后果。

☐ 正确的入座方法

入座时动作要轻盈、和缓，从容自如。从椅子的左边入座是入座时的一种礼貌。落座后，臀部至少要坐满椅子的2/3。

正确的坐姿不仅令我们的仪态更加优美，而且对我们的身体发育也大有裨益。

▷ 上身

落座后要保持上身正直，头平正，不可歪斜肩膀、含胸驼背。正式场合是不可以将头向后仰靠的。

▷ 两腿

两腿间距和肩宽大致相等，两脚自然着地。要移动椅子时，应站起来先把椅子移到应放的地方，轻拿轻放，然后再坐。

▷ 手臂

就座后两臂可弯曲放于桌上或椅子扶手上，也可放在双膝上。不能将两手叉腰，不能将两臂交叉在胸前或摊开放在桌上。

龙文小百科 你知道如何坐在沙发或椅子上才能显出你的优雅吗？

亲爱的朋友，当你去同学家或朋友家做客时，你知道该如何坐在沙发或椅子上才显得大方得体吗？

当你入座时，你的两腿应当自然弯曲、并拢，两脚平列或前后稍稍分开。双手轻轻放在沙发扶手上或双手相交放在大腿上。

如果遇到低沙发时，走到沙发前，转身轻轻坐下，臀部的后面距沙发靠背约两寸，背部靠沙发背。如果膝盖高出腰部，应当把双腿并拢，让膝盖相互靠紧，使膝盖偏向你前面的对话者，偏的角度要视沙发的高低而定，但以大腿和上半身构成直角为佳。

如果椅子较高，双腿和身体构成的角度在90度以上时，可以跷起大腿而坐。其跷法是将左腿微向右倾，右大腿放在左大腿上，两小腿相靠，双腿平行，脚尖朝向地面，切忌右脚尖朝天，那样是很不雅的。若椅子不太高，大腿和身体构成的角度小于90度，可以交小腿而坐。其坐法是两膝盖并拢，互相靠紧，右小腿向前，左脚尖靠右脚跟外线。如椅子不高不低，你可以用曲线型的坐法。其坐法是双膝并拢，两腿尽量向后左方，让大腿和你的上半身构成90度以上的角度，再把右脚从左脚外面伸出，使两腿的外线相靠，这样你的身体便成为一个"S"，显得气质高雅。

行姿的礼仪

人的一生离不开行走，行走不仅是一种简单而有效的健身方式，更可以体现一个人的内在美。对行姿的要求虽不一定非要做到古人所要求的"行如风"，但至少也要做到不慌不忙，稳重大方。

■ 给男孩的建议

男孩子走路应表现出矫健稳重的阳刚之美。其走路姿势应昂首、闭口、两眼平视前方、挺胸收腹、直腰，上身不动，两肩不摇，步态稳健；双脚交替迈出，基本上踩出一条直线。

■ 给女孩的建议

女孩走路则应表现出轻盈优美的娴雅之美。因此走路时应头部端正，不宜抬得过高；目光平和，直视前方；上身自然挺直，收腹，两手前后摆动幅度要小，两腿尽量用力向上伸直舒展（使自己的下肢显得修长，有挺拔感），穿裙子时最好走成一条直线。走路要小步，步态要自如、匀称、轻柔。

> **龙文小百科　什么是步态？**
>
> 青少年走路时应该充满活力和朝气，要想彰显出自己充沛的活力和朝气，就要在走路时掌握好自己的"步态"。
>
> 什么是步态呢？
>
> 步态分为两个部分：一个是步位，一个是步度。
>
> 所谓的步位是指，脚踏在地上以后，应当落在什么地方。我们走路时，两脚交替前行，踩出的基本上是一条线，而不是两条平行线。如果踩两条线走路，你走路的姿势就会显得僵硬，走成一般人所谓的"鸭行鹅步"。
>
> 步度就是指每走一步两脚间的距离。一般的步度标准是，一脚踩出落地后，脚跟与未踩出的那只脚脚尖的距离恰好等于你的脚长。

良好的步态尽显青春活力

礼仪故事　东施效颦

西施故里风景区中国历代名媛馆内的西施蜡像

春秋时代，越国有一美女，名叫西施。她的美貌可谓是倾国倾城，有沉鱼落雁之容、闭月羞花之貌，即便日常的举手投足都是非常美的。西施略施淡妆，衣着朴素，走到哪里，哪里就有很多人向她行"注目礼"，没有人不惊叹她的美貌。

然而，西施患有心口疼的毛病。有一天，她在发病时手捂胸口，双眉紧皱，流露出一种娇媚柔弱的女性美。当她从乡间走过的时候，人们看到她忍受病痛的娇弱神态，怜爱之情油然而生。

乡下有一丑女子，名叫东施，不仅相貌难看，而且举止粗俗，没有修养。她平时动作粗俗，说话大声大气，却整天做着当美女的梦。虽然今天穿这样的衣服，明天梳那样的发式，但仍然没有一个人说她漂亮。

这一天，她看到西施捂着胸口、皱着双眉的样子竟博得这么多人的青睐，因此回去以后，也学着西施的样子，手捂胸口、紧皱眉头，在村里走来走去。

哪知东施的矫揉造作使她原本就很丑陋的样子更难看了。结果是，乡间的富人看见东施的怪模样，马上把门紧紧关上；乡间的穷人看见东施走过来，马上携妻带子远远地躲开。人们见了这个怪模怪样、模仿西施心口疼、在村里走来走去的丑女人简直像见了瘟神一般。

东施只知道西施皱眉时的样子很美，却不知她为何很美，而去简单模仿她的样子，结果反而成了人们讥笑的对象。

礼仪故事　邯郸学步

相传在两千多年前，燕国寿陵地方有一位少年，他生活无忧，但总是缺乏自信心，经常无缘无故地感到自卑，总觉得衣服是别人的好，饭菜是别人的香，站相坐相也是别人高雅。他见什么学什么，学一样丢一样，虽然花样翻新，却始终不能做好一件事，不知道自己究竟该干什么。

日久天长，他竟怀疑起自己该不该这样走路了，他越看越觉得自己走路的姿势丑陋笨拙。

有一天，他在路上偶然听说赵国都城邯郸

位于邯郸市文化广场上的"邯郸学步"雕像

的人走路姿势很优美，于是喜出望外，立刻去往邯郸学习人家的步态。

少年到了邯郸，见那里人走路的步法确实与寿陵的不一样，并且比寿陵人要优美得多，因此觉得不虚此行。在那里，他感到处处新鲜，当看到儿童走路轻快活泼时，他想学；看见成人走路稳健大方时，他也想学；看到妇女走路婀娜多姿时，他还想学。于是他跟在各种人后面模仿着走，但不知为什么，他总觉得学不像。他就这样不停地边学边改，时间一长，邯郸人的步法没学好，却把自己原来在寿陵的步法也忘记了。为了回到家乡，他不得不爬回寿陵去。

这个故事虽带有夸张的成分，但它告诫人们，没有主见的一味模仿不仅不能有所收获，反而会带来新的问题和麻烦。

手势的礼仪

在我们的日常生活中,经常会用手势来表达自己所要表达的意思。我们都知道,不同的手势表达着不同的含意。那么,我们在运用手势的时候要注意些什么呢?

▢ 区域性差异

手势是人类最早的沟通方式,它在人类没有语言之前,就已经存在了。但说起手势,在不同国家、不同地区、不同民族之间,由于文化习俗的不同,手势的含意也有很大差别,甚至同一手势表达的含意也不相同。所以,手势的运用只有合乎规范,才不至于引起误会。

比如:掌心向下的招手动作,在中国主要是招呼别人过来,在美国是叫狗过来。

西方人的这个手势代表 ok 的意思。

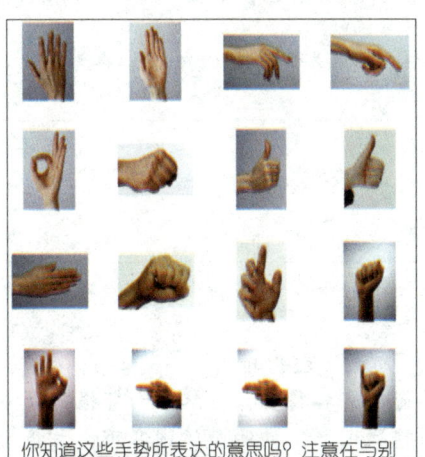

你知道这些手势所表达的意思吗?注意在与别人交谈的时候,不要过多地使用手势,以免给人留下装腔作势的印象。

普通的一个手势,在不同的国家和地区所表达的意思是不同的。

竖起大拇指,一般都表示顺利或夸奖别人,但也有很多例外:在美国和欧洲部分地区,表示要搭车;在德国表示数字"1";在日本表示数字"5";在澳大利亚就表示骂人;与别人谈话时将拇指跷起来反向指向第三人,即以拇指指腹的反面指向除交谈对象外的另一人,则是对第三人的嘲讽。

▢ 手势宜少不宜多

当你与别人交谈的时候,千万不要使用过多的手势来表达你的意思,否则会给人留下装腔作势、缺乏涵养的感觉。

毛主席就是一位善于挥手致意的领导人。

☐ 挥手致意

在我们的生活中，常常用挥手的方式向别人表示自己的问候、致敬、感谢。当你看见熟悉的人而又无暇分身的时候，就举手致意，可以立即消除对方的被冷落感。挥手时要掌心向外，面对对方，指尖朝上，而且千万不要忘记伸开手掌。

☐ 避免出现的手势

在交际应酬时，有些手势会令人反感，严重影响形象，比如当众搔头皮、掏耳朵、抠鼻子、咬指甲、用手指在桌上乱写乱画等。

龙文小百科　不要双手抱头或摆弄手指

在日常生活中，许多人喜欢用单手或双手抱在脑后，这一体态的本意原是放松，但如果在其他人面前也这么做的话，就会给人一种目中无人和缺乏教养的感觉。

另外，还有一些人喜欢在闲暇之时反复摆弄自己的手指，要么活动关节，要么捻响，要么攥着拳头，或是手指动来动去，往往会给人一种无聊的感觉，让人难以接受。

礼仪故事　丘吉尔与"V"字形手势

大家都知道将食指和中指竖起分开而形成"V"字形手势，代表成功和胜利的意思，也是当今全世界表示胜利的流行手势。

但是，你知道吗，这个手势是英国首相丘吉尔一怒之下发明的。

二战期间，有一次，丘吉尔在地下掩蔽部内举行记者招待会，突然上面警报声大作，丘吉尔闻声举起右手，将食指和中指同时按住作战地图上的两个德国城市，大声地对与会者说："请相信，我们会反击的！"

这时，在场的一名记者发问道："首相先生，您有把握吗？"

丘吉尔转过身，目光锐利地望着记者们，立即将按在地图上的两指指向天花板，情绪激动地大声回答说："一定胜利！"

丘吉尔这一镇定威严的神态举止，被记者们拍了下来，登在了第二天出版的报纸上。

从此，这一著名的手势便在英国城乡广泛流行开来，并很快在全世界得到了普及。

丘吉尔著名的"V"字形手势

微笑的礼仪

微笑是内心心情在面部或身体姿态上的表现。微笑可以展现出温馨、亲切的表情，能拉近人与人之间的距离，给对方留下美好的印象，从而形成融洽的交往氛围，也可以反映出微笑者自身的修养及待人的真诚。

☐ 当你结识新朋友时

微笑是人与人之间沟通的法宝，当你与新结识的朋友见面时，一定别忘了把你的微笑呈现在自己的脸上，这样会使你们在一种温馨的气氛中进行交谈。

☐ 当你想化解矛盾时

在日常的生活和学习中，难免与同学或其他人发生一些矛盾，当你想化解你们之间的矛盾时，最有效的方法就是向对方送去善意的微笑，因为微笑是化解矛盾的润滑剂。

☐ 在不方便上前打招呼时

当你看见熟悉的人而又不方便上前打招呼，此时，你可以用一个真诚的微笑向对方表示歉意。

甜美的微笑最令人心旷神怡。

龙文小百科　怎样学会微笑？

微笑是有效沟通的法宝，是人际关系的磁石。没有亲和力的微笑，无疑是重大的遗憾，甚至会给自己的生活和学习带来不便。

那么，亲爱的朋友，我们怎样才能学会微笑呢？

一是放松面部肌肉，然后使嘴角微微向上翘起，让嘴唇略呈弧形。最后，在不牵动鼻子、不发出笑声、不露出牙齿，尤其是不露出牙龈的前提下，轻轻一笑。

二是闭上眼睛，调动感情，并发挥想象力，或回忆美好的过去或展望美好的未来，使微笑源自内心，有感而发。

三是对着镜子练习，使眉、眼、面部肌肉、口形在微笑时和谐统一。

四是按照要求，当众练习，使微笑规范、自然、大方，克服羞涩和胆怯的心理。也可以请身边的朋友评议后再对自己的不足进行纠正。

微笑是沟通最好的手段

礼仪故事　请保持微笑

关于微笑，有这样一个发生在台湾的小故事。

在台湾的博物馆和超市，你经常会看到这样的标牌：本馆（或本店）有摄像监视……

如果让你猜，你认为后面的一句话是什么？

按照我们的习惯思维，能想到的大概也就是"如偷盗，罚款×元"等，基本上是令人望而生畏的冷冰冰的祈使语。

假如你要这样想，就大错特错了，因为后面的一句话是：请你保持微笑！

这出乎意料的答案，让我们不由得赞叹这个充满善意的忠告。

恶传染恶，善传染善。所以，请大家经常保持微笑，并衷心希望经过摄像头前的人们不会因为大意而在自己的空间里丢失什么。若我们因一时的糊涂或冲动做了不该做的事情而被抓住把柄的时候，更多的人会丢失掉一些东西。而当我们大家都保持微笑的时候，周围的世界就像一面明亮的镜子，也保持着微笑，正对着我们。

本馆有摄像监视……

眼神的礼仪

人与人交往中，相互接触的第一个行为就是眼神。"一身精神，具乎两目。"人的眼神是面部表情中最丰富生动的，眼睛能最真实地反映内心深层的心理活动。眼神是最善于传情达意的，我们在人际交往过程中，有的时候不用语言，只通过眼神就能准确地传达内心的思想和情感。在与人交谈时，要敢于和善于同别人进行目光接触，这既是一种礼貌，又能帮助我们维持一种联系，使谈话在频频的目光交接中持续不断。所以，我们在人际交往中一定要善用眼神来传达礼仪。眼神的合理运用也是颇有讲究的。

☐ 表示友好的眼神

向对方表示友好的时候，应该不时地注视着对方，可以注视对方的双眼，注视对方的时候可以平视或者侧视。侧视也是平视的一种，要注意不能斜视。侧视的时候应该位于交往对象的一侧，面向并平视着对方。表达友好时，注视对方的时间应该占全部相处时间的30%左右。

☐ 表示尊重的眼神

向对方表示尊重的时候，也应该不时地注视对方，可以注视对方的双眼、额头和唇部，注视对方的时候要仰视，尽量让自己处于比较低的位置，能够仰视对方。表达尊重时，注视对方的时间占全部相处时间的60%左右。

注视对方表示对对方的尊重。

长时间的凝视有一种蔑视和威慑的功能，所以在一般的社交场合不宜使用凝视。在日常交谈中，目光接触对方脸部的时间应该占全部谈话时间的30%~60%，注视时间太长，让人误认为对对方本人比对谈话内容感兴趣，注视时间太短，则表示对谈话和对对方都不感兴趣，这两者都是失礼的行为。还有的人不懂得眼神的价值，与人交谈时，总是低头或者喜欢"环顾四周"，这样往往让人觉得你在企图掩饰什么或心中隐藏着什么事情，或者是让人感觉你怯懦和缺乏自信心。在与人交谈时，如果眼神闪烁不定，则让人感觉你精神不稳定或性格上不诚实。这些都影响交谈，所以我们在生活中一定要注意眼神的礼仪。

第2章

礼貌建筑在双重基础上：既要表现出对别人的尊重，也不要把自己的意见强加于人。
——霍夫曼·斯塔尔

社会交往礼仪

使用电话的礼仪

电话作为现代社会的一种通信工具,在我们的日常生活中起着十分重要的作用。人们在享用电话所带来的便捷的同时,烦恼也随之而来:香甜的美梦被铃声打断、繁忙的工作被电话打扰……电话是把双刃剑,运用得体,会助你成功;运用不当,它将成为你通往成功之路的绊脚石。因此,充分掌握电话礼仪,对于青少年来说,是一件对自身修养极其重要的事情。

在电话中交谈是生活中极其普遍的一件事,但要注意的是,通话内容应以双方共同感兴趣、需要商量的事为主,对别人不愿谈及的事或容易引起悲痛伤心的事,应尽量回避,如遇不得已而提及,话语应婉转含蓄;交谈中要避免提及对方的生理缺陷,这是极其需要注意的一点;在交谈中,如果无意中涉及的某些话题刺伤了对方,应立即道歉,请求对方的原谅,这是交谈中应有的风度。

▣ 拨打电话的礼仪

▶ 选择适当的时间

打电话要选择合适的时间,换句话来讲就是不打扰别人休息、睡觉、吃饭、节假日时最好不要打电话;晚上10点之后、早上7点之前,除非万不得已不要打电话,如果有急事一定要打,要先向人表示歉意。另外,在拨打国际电话时,要注意时差问题。

▶ 选择适当的地点

打电话要注意地点。什么意思呢?一般来讲,私人电话就在家里打,办公电话就在办公室打。还有一点要注意,在公众空间打电话实际上是一种噪声骚扰,所以请尽量避免在公众场所打电话。

"您好,这里是大大小小公司,请问您找哪一位?"

▶ 要注意通话的长度

在拿起听筒前,首先应明确通话后该说什么,如果内容过多,可以列个提纲;通话时间宜短不宜长。电话礼仪有一个规则,叫作电话三分钟原则。什么意思呢?就是通话时间应该尽量控制在三分钟之内,要长话短说,废话不说,没话别说。

▶ 自我介绍

打电话最重要的一点就是自我介绍,当接通电话后确认自己接通的电话号准确无误时,应立即简要报出自己的姓名及身份。要么报电话号码,要么报所在部门名称,要么报姓名,或者合报。千万不要让对方猜。当然,也许让别人猜有时是为了浪漫,给对方一个惊喜,但当对方猜不出来的时候,带给对方的更多的是尴尬,而且浪费时间。

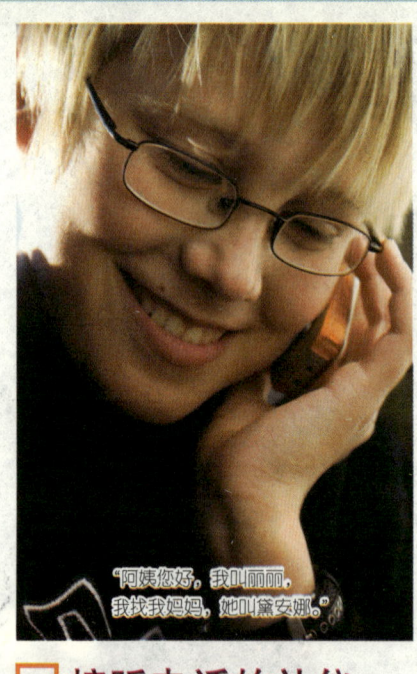

▶ 结束通话

这里有两点要注意：第一，通过重复要点暗示对方终止通话；第二，如果对方是地位高者（长辈、上级等）由对方结束通话，如果地位平等则一般是谁主动打电话谁就先挂断，如果有事求人则是被求的人先挂。

▶ 不要恶意拨打应急电话

110、119、120等应急电话关系到人们的生命和财产安全，因此不要恶意拨打。

▶ 不要频繁地拨打电话骚扰他人

打电话要有目的性，或是公事或是私事，但如果什么事也没有只是闲来无聊，就不要给别人打电话，因为你有时间闲聊的时候别人未必有时间。

▶ 当自己拨错号码时

当确认自己拨错了电话号码时，一定要向对方表示歉意。

接听电话的礼仪

▶ 接电话的时间

听到电话铃声响起，应准确、迅速地拿起听筒，最好在电话铃声响起三声之内接听，不要让铃声超过五遍。一般电话铃声响一声后大约3秒接起较为礼貌，若让对方久等是非常不礼貌的。

▶ 自我介绍

接电话时的自我介绍也非常重要。我们有时会遇到这样的事，你把电话拨错了，接电话的人也不说，还问你什么事，你跟他说了一遍，他最后告诉你，打错了。这既令人恼火又浪费时间。所以一个有素养的人接听电话时，三句话是不能少的：你好、自我介绍、再见。自我介绍的方式跟前述打电话时是一样的。

▶ 结束对话的技巧

在接听电话的过程中，应当尽量让对方结束对话，如的确需要自己来结束时，应及时解释、致歉。

▶ 不要随便叫别人接听电话

不随便叫别人代接电话，这也是对通话对象的一种尊重。

▶ 当遇到拨错号码时

如果对方拨错了号码，我们怎么办呢？首先我们要说：您好，您的电话拨错了；其次我们要重复一下自己的电话，使对方得以验证；最后我们要问他是否需要帮助，如果他找的人我们认识，可以帮他把电话转过去，或是把正确的号码告诉他。

▶ 当遇到骚扰电话时

遇到骚扰电话，你可以直接挂掉电话。如果对方连续打来，你可以记下号码，然后向公安机关报案。

电话用语

进行电话沟通时，应当语音清晰，语意明确，语气谦和。另外，还要注意自己的语速。语速太快时，会让对方感到不安和焦躁，从而影响电话的沟通效果。当然，如果对方语速太快让自己感到烦躁时，可以礼貌地提醒对方："请您不要着急，可以讲慢一些吗？"

在电话中交谈时，一定要坚持文明用语，最好使用敬语，杜绝出现禁语。

▶ 常用电话礼貌用语

在电话中，注意礼貌用语的使用，如："请问怎么称呼您？""不好意思，可否麻烦您再重复一次？""不好意思，可否请您大声些？""谢谢您。""有件事情想麻烦您一下。""拜托了。""随时欢迎您打电话给我。""不好意思，让您久等了。""请问……""不好意思，再占用您一点儿时间……""不好意思，××刚好在接电话，我会尽快转告他，让他回复您，请问怎么与您联系？""请问您需要留言吗，我可以转告他。""好，谢谢您的来电。请问还有什么需要我帮忙的吗？"……

▶ 常见的电话禁语

在电话中，避免使用电话禁语，如："你是哪儿的？""你找谁？""你有什么事？""喂，说话呀，你是哪里？""急什么，等着，我记下来。""你叫什么？""再说一遍，慢点说。""听不清，大声点。"……

龙文小百科 当需要用英文电话交谈时

有时候，我们不可避免地要用英语与对方交流，如果你的英语水平一流，那自不必说，只要依照上述的注意事项进行沟通就可以了。如果你的英文还不够好，也不必怕，下面是一些常用的英语电话用语，相信可以给你提供一些方便。

(一) 接电话的人就是打电话的人要找的人

打电话者：××在吗？（Is ×× there?）

接电话者：我就是。（Speaking. /This is she./ This is he./ That's me.）

　　　　　我就是××。（This is ××./ This is ×× Speaking.）

　　　　　你正在跟她（他）说话。（You're speaking/talking to her./ You're speaking/talking to him.）

(二) 打电话的人要找的人不在

打电话者：请问××在吗？（May I speak to ××?）

接电话者：他（她）现在不在这里。He's/ She's not here right now.

　　　　　他（她）出去了。(He's/ She's out.)

　　　　　他（她）现在正在开会。(He's/ She's in a meeting right now.)

　　　　　你刚好错过他（她）了。(You've just missed him/her.)

　　　　　他（她）刚好出去了。(He's/ She's just stepped.)

(三) 打电话的人要找的人不在, 问对方是否要留言

打电话者：我可以跟××讲话吗？（Can I talk to ××?）

接电话者：他（她）出去吃午饭了, 你要留言吗？（He's/ She's out on his/her lunch break right now. Would you like to leave a message?）

　　　　　他（她）不在, 我可以帮您转达吗？（He's/ She's not available right now. Can I take a message?）

(四) 打电话的人问要找的人何时回来

打电话者：你知道他（她）什么时候会回来吗？（Do you know when he/ She will be back?）

接电话者：抱歉，我不知道。（I'm sorry. I don't know.）

我不知道。（I have no idea.）

二十分钟内他（她）应该会回来。（He/ She should be back in 20 minutes.）

(五) 打电话的人问要找的人在哪里

打电话者：你知道他（她）在哪里吗？（Do you have any idea where he /she is?）

接电话者：抱歉，我不知道。（Sorry. I don't know.）

他（她）现在在上班。你要不要他（她）的电话号码？（He's/ She's at work right now. Do you want his/her phone number?）

(六) 打电话的人要找的人不在，愿意接受对方的留言

打电话者：我可以留个话吗？（Can I leave a message?）

接电话者：可以，请继续。（Yes. Go ahead, please.）

当然，稍等一下，让我拿个纸笔。（Of course. Hold on for just a second so I can grab a pen and paper.）

当然，请您稍等一下，让我找张纸记下来。（Sure, if you can excuse me for just a second. Let me find a piece of paper to write it down.）

(七) 接受对方留言时听不清楚，希望对方重复

打电话者：他（她）回来后，能不能让他（她）打123456789这个号码给我？（When he/she comes back, can you have him/her call me at 123456789?）

接电话者：能不能请你再重复一次？（Can you repeat again, please?）

再说一次好吗？（Say/ Again, please?）

抱歉。请再说一次。（Pardon?）

抱歉。再说一次好吗？（I'm sorry. Come again, please?）

(八) 对方希望留言，怕听错了，不想接受对方的留言

打电话者：我能否留个话？（May I leave a message?）

接电话者：对不起，我的英文比较差，我不想听错话。你介意稍后再打来吗？我很抱歉。（Sorry, My English is poor, and I don't want to miss anything. Would you mind calling back later? I'm sorry.）

如果你不介意的话，能否请你再打一次，然后在录音机上留言？我的英文不是很好。（If you don't mind, could you please call back and leave a message on the answering machine? My English is not very good.）

(九) 打电话的人要找的人是别人，请对方稍等

打电话者：××在吗？（Is ×× there?）

接电话者：他/她在。请稍等。（Yes, he/she is. One moment, please.）

请稍等。（Hold, please./Hold on, please.）

我看看他/她在不在。等一下。（Let me see if he's /she's here. Hang on.）

(十) 对方打错电话

打电话者：我可以和××说话吗？（Can I speak to ××?）

接电话者：××？抱歉，这里没这个人。（××？I'm sorry, but there's nobody here by this name.）

抱歉，恐怕你打错电话了。（I'm sorry. I'm afraid you've got the wrong number.）

你要打的电话号码是什么？（What number did you dial?）

(十一) 向对方要求和刚刚已经通过话的人再讲话

打电话者：你能否××再来听电话呢？我忘了跟他/她讲一件事。（Can you put ×× back on? I forgot to tell him/her something.）

接电话者：当然！我这就去叫他（她）。（Sure. I'll go get him/her.）

使用手机的礼仪

手机的普及为我们带来了方便，让我们提高了生活水准，但并没有使我们的社会更文明，反而凸显出人们的自私及对周边人士的冷漠。每一个文明社会都有一套日常生活的准则，请您在方便自己的同时，也不要忽略了身边他人的权益。

在使用手机时，既要文明使用，又要安全使用。

安全使用手机

在使用手机时要遵守关于安全的若干规定，如开车的时候不打手机，乘坐飞机和在加油站或在医院停留期间，最好把手机关掉，以免因手机的电磁辐射而带来不安全的隐患。

手机里面有很多个人信息，涉及个人隐私，因此在一般情况下，不要借用别人的手机，也不要把手机借给别人。借用手机本身就是没有素养的标志。紧急情况时则另当别论。

手机在带给人们更多便利的同时，也让人们感觉到了"无可遁形"的烦恼。

遵守公德

在公共场合，特别是电梯、路口、人行道、影剧院等地方，不可以旁若无人地使用手机。如果不可避免地要在公共场合使用手机，应尽量把自己的声音压低，杜绝大声说话，以避免影响他人。

比如在用餐时，如果频频被烦人的铃声打断，甚至会引发消化不良呢。

另外，要注意的是，在影剧院或课堂上、会议上，或是参加一些活动时，一定要把手机关闭或是调整到振动状态，以免影响或干扰他人。

当你未能及时接听他人电话时

不可避免地,有时我们会由于某种原因而未能及时接听他人来电,事后应在方便时及时给对方以回复,并说明未能及时接听的原因。

正确地使用手机,会让它更多地带给你便利,而不是烦恼。

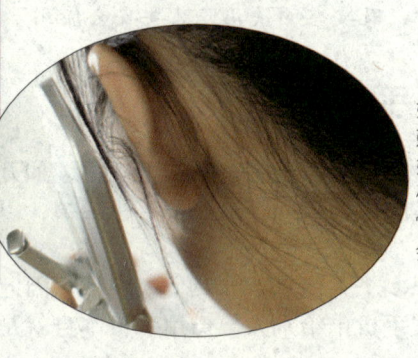

如果你的年纪尚小,那么建议你尽量不要使用手机,姑且不提手机会对你的身体造成怎样的危害,至少它会干扰你的学习,甚至会带来安全上的隐患。

当电话中断时

经常有这样的事,说着说着手机通话中断了,可能是没电了,也可能是掉线了,或是到了信号死角了,遇到这种情况怎么办呢?接电话的一方有责任告知对方:不好意思,现在我所在的这个位置可能网络没有覆盖,噪声很多,您看这样好不好,我先把电话挂了,什么时候您方便我再打给您。

如果一点先兆都没有就断了,那你马上要把电话打回去:不好意思,刚才电话掉线了(电池没电了)。

文明使用手机短信

如今,手机短信被越来越广泛地使用,已经成为与人沟通的一种简便方式,随之也就产生了有关短信礼仪的问题。

在需要手机调到振动状态或是关机的场合,如果短信的声音此起彼伏,那么和直接接、打手机又有什么区别?

所以,在会议中或与别人交谈的时候,即使用手机接收短信,也要设定为静音或振动状态。也不要在别人注视你的时候,查看别人发来的短信,这是一种非常不尊重对方的表现。

短信作为传播信息的一种方式,已经成为我们日常生活中的一部分。但短信的内容五花八门:有朋友间相互问候的,有各种销售信息的,还有很多无聊甚至不健康的。当你收到不健康的短信时应该如何处理呢?

首先,不要编辑或转发不健康的短信;其次,对于那些涉嫌违法、犯罪等行为的短信(如办假证件、诈骗等),应该及时、准确地记住对方的号码,反映给有关部门。这是每个青少年维护社会文明的责任。

使用公用电话的礼仪

公用电话是经有关部门批准设在城市街道、公共场所、居民住宅区以及农村乡镇、公路沿线等地，供用户使用，并按国家规定的标准收取通信费用的电话。在公用电话上可以免费拨打110、119、120、122等公益性号码。

公用电话目前主要分为无人值守公话和有人值守公话两大类，其中无人值守公话包括IC卡公话、201公话、无人值守智能公话等，有人值守公话包括有人值守普通公话、有人值守智能公话、话吧公话等。

无论是使用有人值守公话，还是使用无人值守公话，都要注意文明。

☐ 要轻拿轻放

当你使用公用电话时，要轻拿轻放，不能乱摔、乱捅。如果遇到无人值守公话出现故障时，可以通知相关部门解决，而不要自己随意修理，以免损坏。如果发现有人恶意破坏公用电话，应立即举报，绝不能坐视不管。

☐ 要长话短说

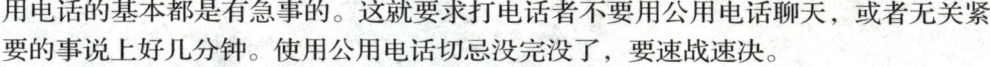

渗入人们生活的公用电话

在现代社会，由于生活水平的提高，手机的广泛使用，公用电话实际上已经成了移动电话的替补，所以打公用电话的基本都是有急事的。这就要求打电话者不要用公用电话聊天，或者无关紧要的事说上好几分钟。使用公用电话切忌没完没了，要速战速决。

☐ 要注意语气态度

既然是公用电话，那就一定是在公共场所。在公共场所打电话要考虑到其他人的感受。旁若无人地高声说话，对其他人是一种噪声和干扰，以正常说话的语气、音量与对方交谈即可。当然，如果总捂着嘴、声音低沉、一副怕人偷听的样子，也会让周围的人感到不快。

☐ 不要恶意拨打或恶意盗打公用电话

在当今社会，有些人闲得无聊，拿公用电话一次次拨打110、120、119等紧急报警、呼救电话。这是一种严重丧失公德的行为，这种行为不仅干扰了相关部门的工作，而且会给真正需要拨打上述电话的人造成困扰。

另外，通过破解公用电话的密码盗打电话，或是利用高科技手段使电话计费系统失灵，从而免费拨打长途电话，这些行为不仅是丧失公德，而且是犯罪。

交谈的礼仪

交谈在日常生活中是一件十分平常的事情,因为生活中有许多事情是需要通过交谈来取得沟通并达到目的的。

有关心理学专家提醒大家:交谈时除注意语言美、声音美之外,姿态美也很重要。也就是说,在谈话中语气、语态应当诚恳、热情;神色、动作、表情等要专心致志,合乎礼节。只有这样,你的交谈才能达到预期效果。

相反,如果语气生硬、粗暴、盛气凌人,不但达不到交谈的预期效果,有时还会引发"战争",这样的事情我们经常会在公共汽车上或其他拥挤的场合遇到。

因此,学习交谈礼仪、掌握礼貌用语是非常必要的。

把握好礼貌用语

诚实和热情是与人交流的基础,只有开诚布公的谈话才能使人感到亲切自然,气氛才会融洽。要知道,与任何人进行面对面的交谈,都是一种对等关系。所以,在交谈中要随时随地有意识地使用礼貌用语,以礼待人,才能显示出自身的人格尊严。

交谈是令人际交往更加美好的秘笈。

▶"对不起"

——用在你对别人有任何轻微妨碍的时候,哪怕是你在帮他的忙。比如,在走廊里无意中挡了别人的路;在拥挤的场所里无意中碰了别人一下;你和别人刚好同时去开一扇门(注意,这时反应一定要快,那可真是像评书里讲的那样——说时迟那时快,稍一愣神,人家已经"对不起"了,结果你就很被动);没听清别人的话,要把心里那个"什么"换成"对不起"。

▶ "谢谢"

——用在别人为你做了任何一点事的时候，哪怕这是他天经地义应该做的。比如，公共汽车上你要下车别人侧身给你让了地方；顾客买了你的东西；有时乘客下公共汽车时都会跟司机说声"谢谢"。

▶ "请"

——用在任何祈使句的前后，除非你是在生气、在训斥、在跟你的宠物说话。"请"字最能体现对人的敬意，有事相托时，千万不要忘记说"请"。在祈使句前加上一个"请"字，会使命令的口气缓和许多。这个词看似简单，但用起来最有难度。

如果在这样的场合你要打喷嚏，你会怎么办呢？

我们经常会看到有人在购物的时候，常常是话一出口，就十分无礼，比如"把那个拿给我看看"，"把那个给我拿过来"，"这个多少钱"……然后就只能眼睁睁看着售货员收敛了些笑容。

▶ "不好意思"

——用在打扰别人的时候。需要指出的一个特殊用法是给打喷嚏、咳嗽、打嗝等行为请求谅解。在公共场合，要想在打喷嚏时显得礼貌些，你有两种选择：

一、尽情地打出来然后说"不好意思"；

二、简单，但痛苦些——憋回去。

对这两种方式我们都持有保留意见。假如你能看到有人不幸要连打几个喷嚏，那时他的大脑和机体在进行着多么艰苦的斗争，你就知道我们的意思了。

以上这些都是最日常的礼貌用语。假如一个头发半红半绿、半秃半扎辫、穿孔扎环、纹身、抱着滑板的青年想请你侧身让个路，他很可能会说"劳驾"。实际上，在需要"劳驾""借光"的时候，这已经是一种算不上很客气的说法了。真正客气的做法是：什么也不说，等着。等上几秒，挡了路的那人自然会意识到，连忙说声"对不起"，并给你让路，你再从容不迫地说声"谢谢"。当然，他的笑容要多些，你的笑容可以少一些。

礼貌用语的字不多，却可以表达出丰富的情感，使人听起来舒心可意，备感亲切。这些礼貌用语在理论上讲并不难，但要在生活中用得好，该用的地方都用了，且自然得体，那就需要一种近乎"原罪"的心态：对周围的一切都心存感激，并且寻找一切机会来表达你的感激。

难怪乎有人说："礼貌用语是世界上最美好的语言。"

声音的讲究

在你与别人交谈的过程中，说话者的语速、音质和声调，也是传递信息的符号。同样一句话，说得和缓或急促，柔声细语或高门大嗓，语调平和或颐指气使，面带笑容或严肃冷峻……效果大相径庭，因此，一定要根据对象、场合进行适当的调整。

▶发音要准确

说话也是一种艺术，要想把话说得好，正确地表达自己的意思，首先就必须发音正确、清晰易懂，口齿不清、发音不准就会影响内容的表达。清晰易懂的发音，可依赖平时的练习、多注意别人的谈话、多朗读书报、交谈时克服紧张情绪、讲话不急不躁等方法，来做到这一点。

▶语速不要太快

说话的语速不宜太快，也不宜太慢。说话太快会给人压迫感和紧张感，而且容易给人不自信、不稳重的错觉。有些人以为自己说话快些，可以节省时间。其实说话的目的，在于使对方领悟你的意思，如果语速太快反倒会适得其反。此外，不管是讲话的人还是倾听的人，都必须运用思想。说话太慢，也会使人着急，既浪费时间，也会使听的人不耐烦，甚至失去谈下去的兴趣。

因此，在谈话中，只有使自己谈话的速度适中，这样和大家交流起来，既能让人听懂，又能给自己以思考的时间。

▶说话时要注意语调

你是用什么语调讲话的？是高高在上、有气无力，还是咄咄逼人、畏畏缩缩？

很多时候，我们在交往中白费力气地对说话的内容冥思苦想，孰不知，我们的语调已经把一切都搞砸了。

拿起听筒，听到一个"喂"字，无须再多说什么，从这一个字里，我们已经知道男朋友是不是还对我们拥有火一般的激情，母亲是不是没有睡好觉，好友是不是已经顺利通过了考试。不是说"嗓音是身体的音乐，语调是灵魂的音乐"吗？

当我们悲伤的时候，语调是苍白低沉、心不在焉的；经过一夜狂欢，我们的语调变得有气无力、底气不足，而一个星期的海边度假又可以让我们的语调重新恢复活力和弹性。

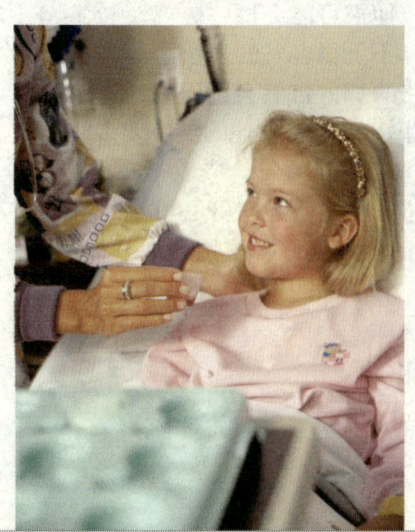

各种场合一定要注意说话的语调。

有人的语调像电钻、像小号,不容别人插话和反驳;有人的语调吞吞吐吐、拖泥带水,能把听者的耐心耗尽;有人的语调虚情假意、装模作样,让人听了浑身不自在。很多人并没有意识到自己的语调有问题,或者他们认为语调和嗓音一样,都是天生的。

不知是否受过专业训练,很多接线小姐的语调似乎总有那么一点不对劲。她不是懒洋洋地从牙缝里吐着含混不清的词语,就是像带着假面具,语调里全是职业性的热情,没有一点发自肺腑的真诚。殊不知不管是在什么场合,不管我们从事的是什么职业,如果希望我们的语调帮助我们达到目的,真诚的语气都是首位的。

用不着成为帕瓦罗蒂,我们每个人都可以拥有一副优美的嗓音,只要我们懂得如何控制自己的语调。医生用平缓的、不带感情色彩的语调可以平息病人的焦虑;教授用严格的、清晰的语调可以控制整个课堂的气氛;热线电话的主持人几乎无一例外地用一种语调说话:缓慢、低柔、娓娓道来,其关切的语调可以渗透到对方的心里。如果想用甜美的语调打动对方,那就在说话的时候一直保持微笑,因为笑容也可以"听"得到。

从古代一直到20世纪中叶,在欧洲的课堂里一直在教授孩子们怎样独立演讲,怎样得体地表达自己的愿望而不引起听众的反感。当今的社会似乎已经变成了"图像"的社会,视觉成为最具冲击力的第一感觉,正因为这样,"表达能力"成了一个人能否尽快脱颖而出、出人头地的关键所在。掌握"受欢迎的语调"无疑是一件事半功倍的好事。

不良习惯的克服

一个人文雅的谈吐,固然在于辞令的修饰,但最基本的一条却是词能达意,通顺易懂,说出的话让人觉得顺耳、动听,更要让人听得清楚,听得明白。让人听得费劲、不舒服的话很容易影响谈话情绪,还会使人怀疑你的实际才能,甚至反感和恼怒。因此,在选择词句时应以朴实自然为好,多使用一些明白晓畅的口语白话。这样,既合乎人们的习惯,易于被理解、接受,又不会给人以卖弄做作之感。

另外,有些人喜欢在交谈中插入少许外文或方言土语,其效果优劣恐怕难以一概而论,这主要取决于双方的趣味,假如趣味相投,便不足为怪,否则难受欢迎。一般说来,在与两个或两个以上的人一同交谈时,以不用为佳,因为多数人不习惯这种"中外合璧"的谈话方式。当然,偶尔一两个单词或方言土语用得恰当的话,也可以为谈话增一分色彩，但要注意，引用的话要以对方能心领神会为宜，否则会在无形中造成隔阂。如果的确有必要说，那就要用得恰当，并且要注意正确地发音。如果张冠李戴、不伦不类或语调蹩脚，则难免会贻笑大方。

同样，在社交场合，大家都应尽量讲普通话，避免使用方言。但也要认识到，我国幅员辽阔，语言庞杂，方言的形成自有地域的因素，相互间的语言障碍一时还很难完全消除。所以对于他人的乡音，要有一种雅量。遇到不太明了的言语，多问一声也无妨，切忌讥讽或揶揄。

还有一些人，在和熟人谈话时较为正常和自然，偏偏在遇到陌生人或新朋友时，为了给人一种特别的印象而堆砌辞藻，显得矫揉造作，结果却事与愿违。

在我们平常与人说话或听人说话时，经常可以听到"那个、你知道、说句老实话"之类的词语，如果你在日常说话中不断地使用这些词语，那就是口头禅。

有时，我们在谈话中还可以听到不断的"啊""呃"等声音，这也会变成一种口头禅，请记住奥利佛·霍姆斯的忠告：切勿在谈话中散布那些可怕的"呃"音。如果你有录音机，不妨将自己打电话时的声音录下来，听听自己是否出现这一毛病。一旦弄清了自己的毛病，那么在以后与人说话的过程中就要时时提醒自己注

意这一点。当你发现他人使用口头禅时，你会感到这些词语是多么令人难受，多么单调乏味。所以，最好对这些口头禅弃之不用。

还要检查一下，你是否在说话过程中不停地出现以下动作：坐立不安、理额、扬眉、歪嘴、拉耳朵、搔头发、转动铅笔、拉领带、弄指头、摇腿等。这些都是影响你说话效果的不良习惯。当你说话时，听众就会被你的这些动作所吸引，他们会看着你的这些可笑的动作，根本不可能认真听你说话。

这里有一个有趣的例子：曾有一位公司老总，当他面对众人讲话时，总是让自己的秘书与观众站在一起，如果他的手势太多，秘书就会将一支铅笔夹在耳朵上以示提醒。当然我们不可能人人做到如此，但在你说话时，完全可以自我提示，一旦意识到自己出现这些多余的动作时，应该及时改正。

你有来言，我有去语

"交谈"，顾名思义，就是双方在"你有来言，我有去语"的情况下进行。比如，对方以提问的方式与你交谈，你要及时地做出反映，表达你是否赞成对方的观点，这样才能使交谈在融洽的气氛中完成。

当你不同意对方的某个观点时，你可以委婉地说："我对这个问题倒也十分感兴趣，只不过我不这么认为"，"对不起，在这一点上我们的想法不太一致"等。

假如认为对方的某个观点和说法根本是错的，你可以这样说："在我的记忆中，好像这个问题不是这样的"，或者说"我在某本书上看到的好像与你讲的不完全一样"……语言虽然十分婉转，但这足以使对方明白其中的意思。

遇到别人真的犯了错误，又不肯接受劝告和批评时，不要急于说服对方，往后退一步想想，把时间延长些，隔一两天或一两个星期再谈，或许是明智之举。

当然，如果这个人是你的长辈或上司，而且固执易怒，你不愿意以不同意见刺伤他时，你也可以用无言的微笑回复他，这样既表达了你的意见，又不会使他感到难堪。

讨论并非争论。如果看法和观点不一致时，可以心平气和地或是私下去和别人交流。切忌用强硬的语气让对方同意和接受你的观点。否则，大家都固执，这样不仅没有进展，反而伤害感情。如果不是讨论性的交谈，一般不要与人争辩。如果对方反驳你的意见，大可不必急躁、恼怒，从容说出自己的道理便是。企图与别人争胜是非常拙劣的做法，有时越是想做到这点，越是想逞口舌之利，就越不能使对方信服。

另外，当谈话进行到一种尴尬的境地——冷场的时候，我们要适时地找些有趣味并能令双方都感兴趣的话题来缓和局面。这就要看我们平时的积累与谈话的技巧了，无疑，找不到话题或是话题切入太过生硬都会令局面更加尴尬。

如何避免对方昏昏欲睡

在谈话过程中,还要注意观察对方的表情,以适时地调整自己的话题或是语气等,保证谈话能顺利地进行下去或是适可而止,不致影响谈话的效果。

在谈话中,如果对方呈现出昏昏欲睡的表情,说明你的话题没有引起对方的兴趣,或是对方已经感到疲倦了,这时你就应该及时地转变话题,引起对方的注意,或是礼貌地中断你们之间的交谈。

谈话的距离

人与人之间都有着特定的距离,就好比太阳系中行星与恒星之间相安无事地运转,但只有地球和太阳有着最和谐的距离,从而才有充满生机的美丽世界。语言作为人类沟通的重要工具,在使用时把握谈话的距离是极其重要的。

心理学家曾经做过试验,得出一个结论:谈话的距离较近时,能够营造一种融洽的气氛,消除紧张情绪。

最合适的距离就是一方伸出手可以触摸到另一方,即50厘米左右。如果你想在社交中尽快打开局面,适应环境,那么,每次与人打招呼或谈话的时候,要注意尽可能地把距离拉得近一些。即使是到一个陌生的地方,或者跟一个素不相识的人打交道,也要放开胆量,走到他面前去说话。

当然要注意,拉近距离并不等同于亲密无间。当你与对方谈话时,如果距离过近,首先会让对方感到有空间上的压力,其次也有可能发生偶然不愉快的事情,比如你说话时的唾沫星子有可能意外地溅到对方的脸上而引起不快。特别是你与对方初次打交道时,不能冒昧莽撞,不然会引起对方反感,以为你没有规矩或用心不正,反而弄巧成拙。

保持距离常常是为了方便交流。

谈话中倾听的艺术及技巧

我们总是认为人际场上能说会道的人是善于交际的人,其实,善于倾听的人才是真正会交际的人。

会说话的人,有锋芒毕露的时候,也常有言过其实之嫌。话说多了,有时会被称为夸夸其谈、油嘴滑舌,甚至可能导致言多必有失,祸从口出。静心倾听就远没有这些弊病,倒有兼听则明的好处。注意听,给人的印象是谦虚好学,是专心稳重、诚实可靠;认真听,能减少自己不成熟的评论,避免不必要的误解。

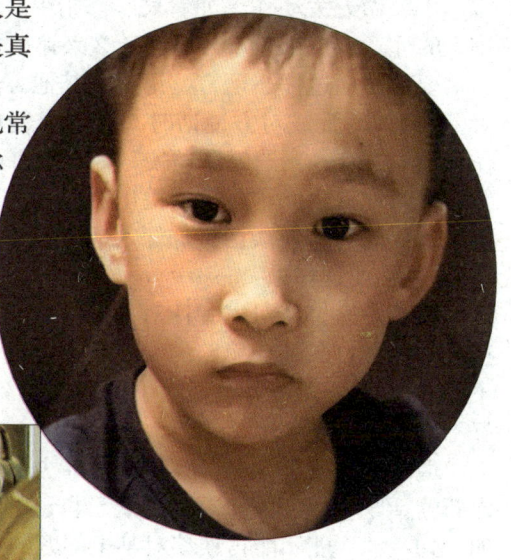

虽然我听不懂,可我还是在认真听哦。

倾听就像是洒在对方心灵中的一缕温暖的阳光。

善于倾听的人常常会有意想不到的收获:蒲松龄因为虚心听取路人的述说,才有《聊斋志异》的问世;唐太宗因为兼听而成明主;齐桓公因为细听而善任管仲;刘备因为恭听而鼎足天下。

有不少研究及实例表明,人际关系失败的原因,很多时候不在于你说错了什么,或是应该说什么,而是因为你听得太少,或者不注意倾听所致。比如,别人的话还没有说完,你就抢口强说,讲出些不得要领或不着边际的话;别人的话还没有听清,你就迫不及待地发表自己的见解和意见;对方兴致勃勃地与你说话,你却心不在焉、目光游移,手上还在不断拨弄这个那个,有谁愿意与这样的人在一起交谈呢?有谁喜欢和这样的人做朋友?

一位心理学家曾说:"以同情和理解的心情倾听别人的谈话,我认为这是维系人际关系、保持友谊的最有效的方法。"

可见,说是一门艺术,而听更是艺术中的艺术。倾听,是对他人的一种恭敬、一种尊重、一份理解、一份虔诚,是对友人最宝贵的馈赠。我们不必抱怨自己不善言辞,只要我们认真倾听,我们就会赢得友谊,赢得尊重。

学会倾听无疑是掌握了一门有效沟通的艺术，那我们怎样才能学会倾听呢？

要有正确的"听"的态度。专心地听对方谈话，态度谦虚，始终用目光注视对方。不要做无关动作，如看表、修指甲、打哈欠……人人都希望自己的讲话能引起别人的注意，否则，双方还有什么兴趣把交谈继续下去呢？

要善于通过体态语言、语言或其他方式给予必要的反馈，做一个积极的"听话者"。例如，赞成对方说话时，可以轻轻点点头；对对方所说的话感兴趣时，展露一下你的笑容；用"嗯""噢"等表示自己确实在听和鼓励对方说下去。

适时地提出问题。凭借提出的问题，让对方知道，你是在认真地听他说话，而且通过提问，可使谈话更加深入地进行下去。如"造成这种现象的原因是什么呢"，"他为什么要这样做"……

不要中途打断对方，让对方把话说完。讲话者最讨厌的就是别人打断自己的讲话。因为在打断他人思路的同时，又会使人感觉到你不尊重他（其实，你也许并无不尊重他的意思）。事实上，我们常常听到讲话者这样的抱怨："你让我把话说完，好不好？"

适时地引入新话题。人们喜欢对方从头到尾安静地听他说话，而且更喜欢被引出新的话题，以便能更充分地展示自己的价值。你可以试着在别人说话时，适时地加一句："你能不能再谈谈对某个问题的意见呢？"

专注于对方所讲的话题。无论你多么想把话题转到别的事情上去，达到双方对话的预期目的，也要等待对方讲完以后，再岔开话题。

要巧妙地表达你的意见。通常情况下，我们没有必要一定要表示出明显与对方不合的意见，那只会引发不必要的争执。当然，我们也没有必要一定要做个"懦弱的"倾听者，只是我们为了气氛的和谐，在表达不同意见时，要注意方式、方法罢了。比如我们可以说："嗯，也许你说得有道理，但站在另外一个角度，也可以这样理解……"。

要听出言外之意。一个聪明的倾听者，不能仅仅满足于表层的听知理解，而且要从说话者的言语中听出话中之话，从其语情语势、身体的动作中了解隐含的信息，把握说话者的真实意图。只有这样，才能做到真正有效的交流和沟通。

掌握倾听的艺术并非很难，只要克服心中的障碍，从细节做起，肯定能够成功。下面列出一些提高倾听能力的技巧以供读者参考。

做一个积极的倾听。

选择这样的谈话地点，一定会令谈话取得意想不到的效果。

尽量选择安静、平和的倾听环境，使信息传递者处于身心放松的状态，以利于交流的进行。

如果你对谈话的对象或是要交谈的事情丝毫不感兴趣，那最好的方式应该是直接地告诉对方，但如果出于某种原因，对话又是必须要进行的，那你还是要摆出有兴趣的样子，并尽可能地认真倾听对方的谈话，并给予必要的回应，因为这是对对方起码的尊重。

正视对方的眼睛，同时注意其脸部及表情、语气等的变化，这能帮助你聆听，同时，也能完全让传递者感受到你在聆听。如果同时用眼神、点头或摇头等肢体语言表达你的感受，一定会鼓励信息传递者更好地将想法表达出来。

关注谈论的问题，不要让你的思维"迷路"或"跑调"。

抑制争论的念头。注意你们只是在交流信息，而非辩论赛，争论对沟通没有好处，只会引起不必要的冲突。学习控制自己，抑制自己争论的冲动，放松心情。

要做到这一点，首当其冲的就是要小心自己的偏见，倾听中只针对信息而不是传递信息的人。诚实面对、正视自己的偏见，并要能够容忍对方的偏见。

保持耐性，让对方讲述完整，不要打断他人谈话，这不仅是为了更完整地了解对方所要表达的内容，更是对对方的基本的尊重。

不要臆测。有些人往往刚听到三言两语便以为已经对对方的意思了然于心，于是立即给出结论。这往往会导致其不再认真听取对方的意见，造成理解上的错误，使得沟通失败。最好的方法应该是保留对他人的判断，直到完全了解对方的意图。

不要以自我为中心。在沟通中，只有把注意力集中在对方身上，才能够进行倾听。但很多人习惯把注意力集中在自己身上，不太注意别人，这容易造成倾听过程的混乱和矛盾。

必要的时候做笔记。做笔记不但有助于聆听，而且有助于集中话题及给对方愉悦的感受以利于交流。但是前提条件一定是"有必要时"，因为如果你为了一点小事情而拿着笔记本坐在对方面前时，不但会给对方带来无形的压力，还会令对方将你判断为一个阿谀逢迎者，会影响后续的交流。

如果交流双方能够互为倾听者，谈话一定会取得事半功倍的效果。

▢ 用积极的倾听表示你接受

耐心倾听，真正理解并接受对方要表达的意思，却并不加以评判，才是一种真正意义上的"积极的倾听"。

积极的倾听能令对方感到对自己的表达充满信心，同时认为能够与你产生共鸣，从而愿意与你将交谈更深入地进行下去。

以下是三个小场景，如果你置身其中，会怎样作答呢？
1. 看到一个小孩割破了手指，并开始大哭。
    a. "这并不是什么大的伤口。"
    b. "别哭了！没那么疼的。"
    c. "小家伙，你的手指是不是很疼啊？"
2. 一个朋友对你说："老板说我工作效率低，如果我不改进的话就要炒我鱿鱼。"
    a. "我想你得拼命工作了。"
    b. "你不应该怕他，你可以再找一份工作。"
    c. "听上去这份工作对你很重要，你不愿丢掉它对吧？"
3. 朋友对你抱怨说："看来我别无选择，只有让我妈妈搬来和我一起住了。"
    a. "你应该这样想：她养大了你，现在该你回报她了。"
    b. "我想你心里肯定很高兴又能和她住一起了。"
    c. "你是担心这样做会对你的生活产生影响吧？"

每个例子中的前两种回答都告诉对方应该怎么做，该有什么样的感觉，或者向对方表达肯定或否定、同情或安慰，这样的回答很难让对方感到满意。相反，这会让对方觉得你不愿介入他的事情，并不认真地对待他的感情，或者对其解决自己问题的能力持怀疑态度。

第三种回答才是积极的倾听，产生的结果就大不一样了。如果能被鼓励自由而且充分地表达自己的感情，别人跟你在一起时就会觉得平静、放松。理解对方的问题却不越俎代庖，会让对方觉得你很信任其解决问题的能力。

龙文小百科　倾听时常犯的错误

倾听时未能从说话者的角度出发给出必要的回应，是最为常见的错误。有时只是简单地重复对方的语言，有时是潦草地作答，这都会给对方造成被忽视或被轻视的感觉，从而影响交流的进行以及交流的深度。

梦菲：我非常高兴。　　　　　　瑞德：你很快乐。
(梦菲也许在表达：我乐意与你交流。)
安琪：过山车是我的最爱。　　　大鹏：你最喜欢过山车。
(安琪也许在表达：我很想去玩（想再玩一次）过山车，或是：和你一起坐过山车，我很愉快。)
林达：但愿我们不用现在就走。　阿布：你是想再多留一会儿。
(林达也许在表达：我很想和你再多待一会儿，我希望以后还能再来这里。)
妻子：成天照顾孩子，感觉就像没完没了的无聊工作。　　丈夫：孩子们真的让你很忙。
(妻子也许只是期望丈夫说一句体贴安慰的话，比如："亲爱的，真是辛苦你了。")
丽珍：我很失落。　　　　　　　阿铮：你是有些不舒服吧？
(这个时候，也许丽珍更希望阿铮说"这是因为什么呢"，然后让她把内心的失落倾诉出来。)

对非语言信息的积极"倾听"

倾听，不仅仅限于语言。如何对非语言信息进行"倾听"呢？

非语言信息常常比语言信息更加难以正确理解，因为同一个信息（比如微笑或者交叉手臂）可能传达完全不同的几种意思。因此，最好通过下面三个步骤来检验你的理解是否正确：

1. 告诉对方你所看到、听到的和借以得出结论的内容。
2. 试探性地告诉对方你对其动作的理解。
3. 问对方你的结论是否正确。

例如：

1. "我问你是否愿意和我一起去学滑滑板，你只是轻轻地说：'听起来好像很有意思。'然后就转移了话题。我觉得你不想去，对吗？"
2. "你刚才说你喜欢数学，可是又皱了皱眉头。是不是还有更喜欢的学科？"
3. "你不停地打哈欠，是不是想要回家了？"
4. "自从上个月认识你以来，你只想和我吃午饭——从来没有一起吃过晚饭或看演出。我想知道这是为什么？"
5. 艾伦大学时候有个朋友叫安吉，有一天她突然不再回应艾伦的问候了。这样过了将近一个星期，艾伦对她说："安吉，这五天来我一直冲你微笑，和你打招呼，你却没有回应。是不是我做错了什么事惹你生气了？"安吉回答说："哦，对不起，完全不是。我最近为了博士论文忙得焦头烂额，忽略了你的问候。"

"这些花都送给你，你知道我想说什么。"

礼仪故事　以倾听获得人们好感的迪斯雷利

政治家迪斯雷利

英国维多利亚女王时期的政治家迪斯雷利在文学方面才华横溢，著有多部小说，得到各界女性的青睐。关于他的魅力流传着这样一个笑话：有几个女人聚在一起议论当时的政治家，其中一个问道："如果迪斯雷利和他的政敌格拉德斯通同时向你求婚，你会作何选择？"在座的人都毫不犹豫地表示会选择迪斯雷利，而只有一个人表示要选择格拉德斯通，并说："我会与格拉德斯通结婚，然后让迪斯雷利做我的情人。"

迪斯雷利很清楚自己对女性的魅力，并在自己的政治生涯中充分利用了这一优势。他之所以能够成为出色的政治家并稳坐首相之位，就是因为有了上流阶层遗孀们的鼎力相助及维多利亚女王的充分信任。

而迪斯雷利与人交往的秘诀就是：要得到别人的好感，必须学会认真倾听。

在交谈中善用委婉语

在人们的交往过程中，有些词语使人尴尬、惹人不快或令人恐惧。如果直接表达出来给人的印象是粗俗、生硬、刺耳、无礼，如果间接地表达出来则含蓄、中听、有礼。后一种表达方法就叫作委婉语。由于委婉语在婉转地表达了人们真实的语意的同时，还具有很好的修饰效果，因而被广泛地应用在社会生活中的各个层面。善用这些委婉语会让我们谈吐更加高雅而有礼。

▶ **职业委婉语**

在很多国家，脑力劳动被视为高贵的工作，而体力劳动则相对被视为卑微的工作，脑力劳动者和体力劳动者的报酬相差很大，为了避免直白的用词给从业人员带来精神上的不安，人们极力将之委婉化，以表达人们对从业人员工作的尊重。例如：

1. road-sweeper or dustman（扫大街的）委婉词：cleaning operative（清洁工人）

2. garbage man（垃圾处理工）委婉词：sanitation engineer（卫生工程师）

3. foreign worker（外国劳工）委婉词：guest worker（客籍工人）

4. butcher（屠夫）委婉词：meat technologist（肉类技术专家）。

▶ 疾病委婉语

不同的时代，不同的文化，人们忌讳的话题也有所不同，但是对疾病的恐惧却是相同的。当人们谈到癌症、艾滋病等严重疾病时，大都免不了心生恐惧。为了减轻疾病带给病人的精神压力，提高病人的心理承受能力，增强他们战胜疾病的信心，人们就采取了一系列回避的说法。例如：

1. 用 big C（大写 C）或 long illness（需要长期治疗的疾病）代替 Cancer（癌症）

2. 用 social disease（社会疾病）代替 Syphilis（梅毒）和 AIDS（艾滋病）

3. 用 lung trouble（肺部毛病）代替 Tuberculosis（肺结核）

4. 用 the old man's friend（老年之友）代替 Pneumonia（肺炎）

5. 一个人得了精神病，不直接说 mad（疯了），而用 a little confused（有点反常，神志迷乱）代替

龙文小百科　肺病为何使用委婉语

肺炎和肺结核在过去都属于不治之症，当时人们对肺病的恐惧就像今天对癌症的恐惧一样。所以这些疾病在当时都是忌讳的，虽然现在这些病不再令人恐惧，但是委婉语仍在继续使用着。

He's a weight-watcher.
一个快乐的"重量看守者"

6. 用 hard of hearing（重听）代替 deaf（聋子）

7. 而 weight-watcher（重量看守人）代替 fat person（胖子）

▶ 死亡委婉语

古往今来，人们最害怕的莫过于死亡带来的恐惧，对于死的敏感似乎是一种永恒的感觉，它使人不敢直言，或不愿直言。所以有关死亡的委婉语就空前的多，常见的有以下几种：

1. to be asleep in the arms of God（安睡在上帝的怀抱中）

2. to be at peace（处于平静状态）

3. to be at rest（安息）

4. to be taken to paradise（被带进天堂）

5. to return to the dust（归入尘土）

▶ 犯罪委婉语

英语中有关犯罪的委婉语主要是犯罪分子为了掩饰自己的行为创造和使用的。他们编出了一套暗语，目的是为了美化自己。

1. 用 a five fingers（五指全能者）代替 pickpocket（扒手）
2. 用 gentleman of the road（大路男子）代替 robber（拦路贼）
3. 用 a shifter（搬运工）代替 fence（销赃人）
4. 用 hero of the underground（地下英雄）代替 heroin（海洛因）
5. 用 the candy man（糖果商）代替 drug pusher（毒品贩子）

▶ 政治委婉语

如果说其他方面的委婉语多数是禁忌，为了避讳和典雅的话，那么政治委婉语主要是为了遮掩和美化。

1. student strike（学生罢课）被轻描淡写成 student unrest（学生不安）
2. aggression（赤裸裸的侵略）被说成 police action（警察行动）
3. retreat（打了败仗撤退）却美其名曰 adjustment of the front（战线调整）
4. massacre（血腥屠杀）却说成 search and clear（搜索与清除）
5. war exercise（战争演习）说成 war games（战争游戏）

众所周知，委婉语主要是在向人们提及那些不愿或不宜直接提及的事物时使用的，所以言辞尽量美好动听，但是委婉程度不是一成不变的，而是随着时间、文化、场合不同而变化的。由于人的道德观念不同，文化层次不同，他们对委婉语的使用也不尽相同。今天，随着东西方文化交流的日益深入，认识到各民族不同的文化和审美观念，感受审美意识对语言运用的巨大影响，可以从一个侧面了解一个社会的文化传统、价值观念和语言形式之间的内在联系，从而了解各民族不同的文化，增强对不同文化的敏感性和洞察力，在各民族之间的交流中游刃有余。

这是一场战争游戏？

▶ 疾病委婉语

不同的时代，不同的文化，人们忌讳的话题也有所不同，但是对疾病的恐惧却是相同的。当人们谈到癌症、艾滋病等严重疾病时，大都免不了心生恐惧。为了减轻疾病带给病人的精神压力，提高病人的心理承受能力，增强他们战胜疾病的信心，人们就采取了一系列回避的说法。例如：

1. 用 big C（大写 C）或 long illness（需要长期治疗的疾病）代替 Cancer（癌症）

2. 用 social disease（社会疾病）代替 Syphilis（梅毒）和 AIDS（艾滋病）

3. 用 lung trouble（肺部毛病）代替 Tuberculosis（肺结核）

4. 用 the old man's friend（老年之友）代替 Pneumonia（肺炎）

5. 一个人得了精神病，不直接说 mad（疯了），而用 a little confused（有点反常，神志迷乱）代替

> **龙文小百科　肺病为何使用委婉语**
>
> 肺炎和肺结核在过去都属于不治之症，当时人们对肺病的恐惧就像今天对癌症的恐惧一样。所以这些疾病在当时都是忌讳的，虽然现在这些病不再令人恐惧，但是委婉语仍在继续使用着。

He's a weight-watcher.
一个快乐的"重量看守者"

6. 用 hard of hearing（重听）代替 deaf（聋子）

7. 而 weight-watcher（重量看守人）代替 fat person（胖子）

▶ 死亡委婉语

古往今来，人们最害怕的莫过于死亡带来的恐惧，对于死的敏感似乎是一种永恒的感觉，它使人不敢直言，或不愿直言。所以有关死亡的委婉语就空前的多，常见的有以下几种：

1. to be asleep in the arms of God（安睡在上帝的怀抱中）
2. to be at peace（处于平静状态）
3. to be at rest（安息）
4. to be taken to paradise（被带进天堂）
5. to return to the dust（归入尘土）

▶ 犯罪委婉语

英语中有关犯罪的委婉语主要是犯罪分子为了掩饰自己的行为创造和使用的。他们编出了一套暗语，目的是为了美化自己。

1. 用 a five fingers（五指全能者）代替 pickpocket（扒手）
2. 用 gentleman of the road（大路男子）代替 robber（拦路贼）
3. 用 a shifter（搬运工）代替 fence（销赃人）
4. 用 hero of the underground（地下英雄）代替 heroin（海洛因）
5. 用 the candy man（糖果商）代替 drug pusher（毒品贩子）

▶ 政治委婉语

如果说其他方面的委婉语多数是禁忌，为了避讳和典雅的话，那么政治委婉语主要是为了遮掩和美化。

1. student strike（学生罢课）被轻描淡写成 student unrest（学生不安）
2. aggression（赤裸裸的侵略）被说成 police action（警察行动）
3. retreat（打了败仗撤退）却美其名曰 adjustment of the front（战线调整）
4. massacre（血腥屠杀）却说成 search and clear（搜索与清除）
5. war exercise（战争演习）说成 war games（战争游戏）

众所周知，委婉语主要是在向人们提及那些不愿或不宜直接提及的事物时使用的，所以言辞尽量美好动听，但是委婉程度不是一成不变的，而是随着时间、文化、场合不同而变化的。由于人的道德观念不同，文化层次不同，他们对委婉语的使用也不尽相同。今天，随着东西方文化交流的日益深入，认识到各民族不同的文化和审美观念，感受审美意识对语言运用的巨大影响，可以从一个侧面了解一个社会的文化传统、价值观念和语言形式之间的内在联系，从而了解各民族不同的文化，增强对不同文化的敏感性和洞察力，在各民族之间的交流中游刃有余。

这是一场战争游戏？

幽默的礼仪

作家普里兹文曾经说过:"生活中没有哲学还可以应付过去,但是没有幽默则只有愚蠢的人才能生存。"可见,幽默是一个人的学识、才华、智慧、灵感在语言表达中的闪光,是一种"能抓住可笑或诙谐想象的能力",它是对社会上的种种不协调不合理的荒谬现象、偏颇、弊端、矛盾实质的揭示和对某些反常规知识言行的讽刺。

固然,幽默的力量不会使你减肥、不会帮你付清账单,也不会减轻你的劳动量,但是,当你希望成为一个能克服障碍、赢得他人喜欢和信任的人时,千万别忽视这股神奇的力量。因为,无论是拜访还是待客,幽默感都能给我们很大的帮助。一个面露微笑、活泼风趣的人,总是比面带怒容或神情抑郁的人更受欢迎。幽默是你进行社交、进行沟通的一座桥梁。

有人说,神色自然是件傻事,因为在应该不好意思的时候,自己却可能不知道。但神色自然来自心理上的平衡,它融合了我们笑谈自己的勇气和对他人真诚的关心。

有一位年轻的姑娘在订婚宴会上希望给未婚夫的亲戚们留下美好印象,她微笑着走进来,可是在门槛上绊了一下,脚步踉跄地跌坐在沙发上。她立刻说道:"瞧,你们的牌局多精彩,把我也吸引过来了。"她的轻松和自信,一下子就扭转了本来可能使人难堪的局面,自信和风趣立现。幽默的确会给拥有它的人增色不少。

社交场合,正是幽默力量最活跃的时刻。女主人把你介绍给一位贵宾时,悄悄地对你说道:"说些捧场的话。"可是,如果这句话恰巧已经被对方听见,那该怎么办呢?你可以说:"哦,不!我知道您正是那种不能随便奉承的人。"这样一定会使大家都避免些尴尬。

礼仪故事 作家"罪该万死"

尴尬的场面自然是我们不愿遇到的,但化解尴尬也的确需要些幽默的"调料"呢。美国作家欧希金曾在他的作品《夫人》中写到美容产品大王鲁宾斯坦女士,后来有一次他参加宴会,一位客人不断地批评他,说他不应该写这种女人,因为她的祖先烧死了圣女贞德,其他客人都觉得很窘迫,几次想改变话题都没能成功。最后,欧希金自己说:"好吧,那件事总得有人来做,现在你差不多也要把我烧死了。"这句话使他马上从窘境中脱身出来,随后他又说了一句妙语:"作家都是他笔下的人物的奴隶,真是罪该万死。"

礼仪故事 幽默的萧伯纳与不幸的骑士

机智幽默的萧伯纳

有一次,英国著名作家萧伯纳正在街头散步,突然一位冒失的摩托车骑士驾车闯了过来,猛地把萧伯纳撞倒在地。

肇事者急忙扶起萧伯纳,并连声道歉。

幸好萧伯纳没有受伤,他站起身拍拍屁股,对着骑士微微一笑,诙谐地说:"我觉得很遗憾,您真是太不幸了,先生。假如您把我撞死了,明天您就能成为闻名天下的摩托车骑士了。"

当那个肇事者知道被自己撞倒的是大名鼎鼎的萧伯纳时,不禁对这位大作家的幽默感到敬佩不已。

对待儿童更应多赞美、多鼓励,以帮助他们树立信心。

☐ 在交谈中善用赞美的艺术

　　父母经常赞美孩子,会令孩子更加自信、昂扬向上;朋友间的相互赞美,会令友谊更加完美;领导经常赞美下级,会更加激发职工的积极性、创造性与参与度……

　　赞美之于人心,如阳光之于万物。在我们的生活中,人人需要赞美,人人喜欢赞美。这不是虚荣心的表现,而是渴求上进,寻求理解、支持与鼓励的表现。(但是请你注意,这里所说的赞美不是那些阿谀奉承之词,而是发乎于心的真诚话语。)经常听到真诚的赞美,明白自身的价值获得了社会的肯定,有助于增强自尊心、自信心。

如何赞美别人

随便说几句人云亦云的客套话，赞美一个人或一个集体并不难，也谈不上可贵。贵在真心诚意，难在确有实效。

谄谀与捧杀，都是带糖衣的毒品。这种"赞美"，或言不由衷，或夸大到令人难以置信的地步，或无中生有、张冠李戴。这些都不是正常社交往来的手段，而是钩心斗角时用以讨好、利用或迷惑、麻痹对方的阴谋伎俩。

对至爱亲朋的赞美，当然出于善意的鼓励，但往往不自觉地带有偏爱或捧场的倾向。你可以态度更热情，语气更热烈，但对人对事的评价决不能脱离客观事实的基础，措辞也应当有分寸。

对于任何一个人，最值得赞美的，不应是他身上显而易见的长处，而应是那些蕴藏在他身上的优秀的潜质，这些极为可贵又尚未引起重视的潜质，很有可能通过你真诚的赞美被激发出来，帮助他开辟人生或事业上的一个全新领域，有助于其攀登人生与事业上新的高峰。内容明确、有特点的赞美，比一般化的赞美更可贵、更可信。与其空泛、笼统地赞美对方很聪明、能干，不如具体地赞美他做出的几件漂亮事，这样才有助于其发现、发挥自己的长处和优势，激发起更强的上进心、荣誉感和自豪感。

赞美，不一定局限于对个人，也可包括对其所从事的职业、所属的民族、籍贯、国家，及至工作的单位、就读的学校。这种对群体的赞美，在现代的集体社交活动中具有特殊的公共关系效果。

有的人不习惯当面直接赞美别人，或不习惯当面被直接赞美，那么，恰如其分的间接赞美就是最好的选择，其意义与效果不亚于直接赞美。如"严师出高徒""将门出虎子""名厂无劣品"之类的说法，就道出了间接与直接的关系。因为直接赞美劳动成果，往往就是间接赞美生产、培植出这些硕果的劳动者。

在实际生活中特别值得注意的是，最有实效的赞美不是"锦上添花"，而应是"雪中送炭"。最需要赞美的不是那些早已名满天下的人，而是那些正处在身心的成长期或是存有自卑感的人，尤其是其中那些被错当成"丑小鸭"的"白天鹅"。如果在他们最为低落的时候，给予他们最真诚的赞美，哪怕只是只言片语，就有可能使其备受鼓舞，振作起精神，以昂扬的人生态度追求更高的人生目标。

谈话的忌讳

谈话是一门艺术，为了使之在快乐、和谐的气氛中进行，就必须在谈话中注意一些忌讳。

在有多人参加的集体聚会中，切忌只谈个别人知道或感兴趣的事情，或只与个别人交谈而冷落其他人。这对于被冷落的人来说，除了尴尬之外，也是一种不尊重。这种情形在有好为人师者参加时最为多见。

不要涉及令人不愉快的内容，如疾病、死亡、荒诞的事情。当在谈话中一定要涉及的时候，就要善用委婉语了，这在前述文章中已有涉及，可参考阅读。

话题不要涉及他人的隐私。这在西方一些国家中，显得尤为重要，比如对方的年龄、收入状况、家庭关系、婚姻状况等，甚至包括学生的考试成绩。

如果对方是残疾人，就避免谈论涉及对方残疾的部位及话题。

言之有物，真诚不夸大。待人真诚是赢得友谊与尊重的前提。无论是赞美还是批评，只要是发自内心的，都会令对方身心怡然。

少插言，甚至不插言。在和对方谈论时应多说"后来呢""真的啊"等，鼓励对方讲下去，而不是在对方在这个话题上还意犹未尽地谈论时，打断别人的谈话或是让对方转移到另外一个话题上，这只会令对方认为你是个无礼的人。

不在背后议论别人，尤其是不要在背后通过贬损他人来抬高自己，这是一种极端愚蠢的行为。那只会让别人觉得你是一个"长舌头"，更会让人觉得你一定会在别人的面前再去议论他的是非，从而招来别人的厌恶。就算你本无恶意，但是"说者无意，听者有心"！

跟上节拍。不要在别人已经转移到另外一个话题时，你还停留在之前的话题上。那样只会让你不合群，也会让别人认为你是一个不识趣的人！

见面时的礼仪

我国素以"礼仪之邦"著称,更是十分重视初次见面的礼仪。在古代,我国最常见的见面礼仪便是"揖",即"拱手为礼",其方法是身微俯,手与心齐,双手交合,这种礼仪始自先秦,至今偶尔还可看到。"拜",包括跪地叩头、打躬作揖等,以表示敬意。

随着社会的进步,日常社交场合中普遍为人们接受和使用的见面礼仪融进了更加文明、更加丰富的内容。因此,为了给别人留下一个良好的印象,取得公共活动的成效,不仅在一般普通人际交往中,而且在公共关系活动中尤其需要掌握和遵循见面礼仪。

日常礼貌用语

▶ 见面语
"老师好""早上好""下午好""晚上好""您好"等。

▶ 感谢语
"谢谢""劳驾了""让您费心了""实在过意不去""拜托了""麻烦您""感谢您的帮助"等。

▶ 致歉语
"对不起""请原谅""很抱歉""请稍等""请多包涵"等。

▶ 客气语
"别客气""不用谢""没关系""请不要放在心上"等。

▶ 告别语
"再见""欢迎再来""祝您一路顺风""请再来"等。

在红山文化中就已出现了拱手的玉人。

这种场合你会怎么说?

如何打招呼

首先，我们对打招呼要有正确的认识。在日常生活中，遇见老师、同学、长辈等，打招呼是最起码的礼节。良好、得体的打招呼能活跃气氛，增进友谊。而恰当地使用招呼语，可以很好地避免尴尬场面的出现。

有的人不重视打招呼，认为天天见面的人一般用不着打招呼，有的人认为与自己家里的人也用不着打招呼，有的人认为与自己无关紧要的人或者陌生人更用不着打招呼，而有的人不愿意先向他人打招呼……

其实，这些认识都是不正确的。打招呼是联络感情的手段，沟通心灵的方式，增进友谊的纽带。见面打招呼是很自然的，打招呼的目的，并不是为了要跟对方有进一步的交往，而是一种礼仪形式。其实不论任何人，当有人微笑着和自己打招呼时，都会受到感染，像是见到阳光一般，心情也会跟着好起来，这时你可以很自然地回应这美好的问候。因此，当我们在任何场合遇到任何人，如果迎面而来的人对我们说"Hello"的时候，千万别露出一副莫名其妙的表情，甚至置之不理，那可是非常失礼的呀！

▶ 要主动

对自己周围的人，包括亲人、邻居、同学、朋友等，不论其身份、地位、年长、年幼、是男、是女，都应一视同仁，只要照面就应打招呼，表示亲切、友好，这也是一个人内在修养程度高低的重要标志。

主动与人打招呼，会令你显得更加热情、有礼。

至于打招呼的先后是无关紧要的，有的人喜欢摆架子，不愿意先向别人打招呼。其实，先打招呼是主动的表现，是热情的象征，会拥有人际关系的主动权，有什么不好呢？

▶ **方式要灵活**

打招呼的方式可以灵活机动，多种多样，可以问好、问安，有的可以祝福，有的可以握手，有的可以拍拍肩膀，有的甚至可以拥抱，有的点头，有的挥手，有的微笑，有的"嗨"一声，等等。打招呼时，要根据当时的具体情况而定，表示出对他人的尊重与关注。

合作伙伴间的亲切问候

在行走过程中打招呼时，应该或是放慢行走速度，或是干脆停下脚步；骑自行车的时候，应该或是放慢行驶速度，或是干脆下车；在室内或非行进过程中打招呼时，则应或是起立，或是欠欠身、点点头都可以……

但是，无论在何时、何地，当我们与他人打招呼的时候，都应面带微笑，专注地看着对方的眼睛，同时诚心诚意地奉上一个热情的见面礼，而不是敷衍了事，客套一番而已。

▶ **要认真回应对方**

别人向你打招呼时，一定要认真、及时、热情地回应对方。

回应对方的可以是真诚的话语，甚至也可以是一个大大的微笑。但是，把"谢谢""你好""是啊，你呢"……这些回应的话说得恰到好处也是一门学问，口与眼要紧密配合，嘴里说"谢谢"时，一定是发自内心的真诚，目光要和对方相交，而不是漫不经心地随便应付一句。否则，毫无表情，连看都不看对方一眼，就随便敷衍一句，别人立刻会感到你的虚伪，从而会从心底里泛起反感和不快，甚至产生厌烦的情绪，反而起到了负面的作用。人多的时候，要向大家致意，或一一道来，或一齐致意，但无论哪一种方式，都要使每个人都能够感受到你的诚意。

亲人间久别重逢的深情拥抱

▶ **打招呼热情有度**

当你与别人见面时，不管是熟悉的还是陌生的，一定要在做到彬彬有礼的同时，注意热情有度。如果你过于热情，会给人一种虚伪的不良感觉，甚至会让对方觉得你居心叵测。要把握好待人热情的分寸，否则就会事与愿违，过犹不及。

在各种交往中"热情有度"，关键是要掌握好以下三个方面的具体"度"：

第一，要做到"关心有度"；

第二，要做到"批评有度"；

第三，要做到"距离有度"。

▶ **勿碍他人**

当你发现对方正在忙于其他事情，而没有时间与你过多地交谈时，你应该出于礼貌打个招呼就可以了，这样，既不影响对方又不失礼貌。

如何称呼

正确、适当的称呼，不仅反映了自身的教养、对对方尊重的程度，而且体现着双方关系达到的程度和社会风尚。务必注意两点：一是要合乎常规，二是要入乡随俗。

另外，还应对生活中的称呼、工作中的称呼、外交中的称呼、称呼的禁忌细心掌握，认真区别。生活中的称呼应当亲切、自然、准确、合理。在工作岗位上，人们彼此之间的称呼是有特殊性的，要求庄重、正式、规范。以交往对象的职务、职称相称，是一种最常见的称呼方法，比如张经理、李局长。

在国际交往中，因为国情、民族、宗教、文化背景的不同，称呼方式也千差万别，因此要注意两点：一是要掌握一般性规律，二是要注意国别差异。

在政务交往中，常见的称呼除"先生""小姐""女士"外，还有两种方法，一是称呼职务（对军界人士，可以以军衔相称），二是对地位较高的人称呼"阁下"。教授、法官、律师、医生、博士的身份在社会中很受尊重，可以直接将职业作为称呼。

"你好，叔叔。"

"同学你好，请问你怎么称呼？"
"你好，我叫安妮。"

▶ **国外的称呼**

1.对于认识的人

对于自己已经认识的人多以 Mr.，Ms.或 Mrs.等加在姓氏之前称呼，如 Mr. Chang, Ms. Tang, Mrs. Huang 等，千万不可以用名代姓。例如说美国国父乔治·华盛顿，人们一定称之为华盛顿总统、华盛顿先生，因为这是他的姓。

2.重要人士

对于重要人物最好加上他的头衔，如校长、大使、参议员、教授……以示尊重，当然也如前述，是在头衔之前加上他的全名或姓氏称呼，千万别接上名字。

一般而言，有三种人——大使（Ambassador）、博士（Doctor）以及公、侯、伯、子、男、皇室贵族，在称呼他们时一定要加头衔，否则表示十分不敬，甚至会被视为羞辱。

3.对于不认识的人

对于陌生人可以 Mr.（先生）和 Madam（女士）称呼，有不少人一见到外国人就称为"Sir"，这是不对的。因为只有对看起来明显年长者或是虽不知其姓名但显然是十分重要的人士才适用。另外，面对正在执行公务的官员、警员等也可以用 Sir 称呼以示尊敬。而相对于女士则一律以 Madam 称呼之，不论她是否已婚。

4.对于年轻人

对于年轻人可以称之为 Young Man，年轻女孩则可称之为 Young Lady，小孩子可以昵称为 Kid(s)，较礼貌地称之为 Young Master，在此 Master 并非主人之意，有点类似汉语的"小王子"之类的称呼。

"总裁，您好。"

"您好，伊丽莎白女王陛下。"

"你好女士，我们可以做好朋友吗？"
"对不起先生，我要问问我妈妈。"

▶ 称呼的五个禁忌

我们在使用称呼时,一定要避免下面几种失敬的做法:

1. 错误的称呼

常见的错误称呼就是误读或是误会。

误读也就是念错姓名。为了避免这种情况发生,对于不认识的字,事先要有所准备;若是临时遇到,就要谦虚请教。如果对其中某个字的读音没有十足把握,最好查一查字典或是向对方咨询,以免读错了令双方尴尬不悦,让对方有不被尊重的感觉。

龙文小百科　你认识这些字吗?

这些字在姓名中出现的频率比较高,你认识它们吗?

旻(mín)、毓(yù)、珏(jué)、玦(jué)、鼐(nài)、单(做姓氏时读 shàn)、荽(suī)、睿(ruì)、珩(héng)、荻(dí)、潦(lào)、芾(fú)、瞿(qú)、翟(zhái)、桀(jié)、闳(hóng)、钰(yù)、妤(yú)、婧(jìng)、璟(jǐng)、菁(jīng)、靓(这个字是多音字,两个读音在姓名中都有应用,所以当你碰到这个字时,最好问一下对方:"请问,您的名字应该读作 jìng 还是 liàng?")……

误会,主要是对被称呼者的年纪、辈分、婚否以及与其他人的关系做出了错误判断。比如,将未婚女子称为"夫人"就属于误会。相对年轻的女性,可以通称为"小姐",这样对方也乐意听。

2. 使用不通行的称呼

有些称呼具有一定的地域性,比如山东人喜欢称呼"伙计",但在南方人听来"伙计"肯定是"打工仔"的意思;中国人把配偶经常称为"爱人",但在外国人的意识里,"爱人"是"情人""第三者"的意思……

在日常生活中我们可以入乡随俗,但在正常的社交场合,还是要尽量使用标准的称谓,以免造成不必要的误会。

3. 使用不当的称谓

在日常生活尤其是社交场合中,如果称谓使用不当,不仅有可能会造成歧义,而且有可能会令对方产生受到了贬低的感觉。例如,在北京,人们常把各类工人、服务人员等广泛地称呼为"师傅"。你如果称呼一位德高望重的学者为"师傅",肯定是不合礼仪的,即使对方并不在意,这也是一种不礼貌的称谓。

4. 使用庸俗的称呼

有些称呼在正式场合不适合使用。例如,"兄弟""哥们儿"等一类的称呼,虽然听起来亲切,但由于是口语中用词,在正式场合要避免使用。

5. 称呼外号

对于关系一般的,不要自作主张给对方起外号,更不能用道听途说来的外号去称呼对方,也不能拿别人的姓名乱开玩笑,这些行为都是不礼貌的。

自我介绍

在聚会或是其他公共场合中，我们常会遇到这样的情况：希望结识某一个人，却又找不到适当的人介绍，这个时候，自我介绍就变得非常重要了。

有时候，我们会通过电话邀约从未谋面的陌生人。例如，电话邀请某位学者来校讲座；打电话给服务人员要求送餐、维修等；打电话给朋友，恰巧是他的父母亲接听……这时也要向对方介绍自己的基本情况。

演讲、发言前，面对听众时，要自我介绍，到了新的学校、团体，面对新的同学、朋友时，更是要做自我介绍，而且最好既简明扼要，又彰显特色，利用"首因效应"，给听众一个良好的第一印象。

那么，怎样才算是完美的自我介绍呢？

▶ **在适当的时间所做的自我介绍**

进行自我介绍应选择适当的时间，最好选择在对方有兴趣、有空闲、情绪好、干扰少、有要求的时候。如果对方兴趣不高、工作很忙、干扰较大、心情不好、没有要求、休息用餐或正忙于其他交际之时，则不太适合进行自我介绍。

进行自我介绍一定要力求简洁，尽可能地节省时间。通常以半分钟左右为宜，如无特殊情况最好不要长于1分钟。这样，既节省了时间，又有利于对方记住你，因为过多的信息反而会干扰对方的记忆。

"我叫汤米，你叫什么啊？"

▶ **语意清晰、充满自信的自我介绍**

自我介绍时，镇定而充满自信、清晰地报出自己的姓名是必须的，并要善于使用肢体语言表达出自己的友善和真诚。

如果自我介绍时语意不清，就会流露出羞怯、自卑的心理，会让人感到你不能把握自己，因而也会影响彼此间的进一步沟通。

▶ **内容繁简适当的自我介绍**

自我介绍通常可包括姓名、籍贯、职业、职务、工作单位或住址、毕业学校、经历、特长或兴趣等内容。

自我介绍时，应根据不同的交往目的决定介绍的繁简，不一定把上述内容都逐一表达出来。如果繁简选择不当，就会造成对方难以了解到想要了解的信息，或者烦琐的介绍令对方生厌，这都会直接影响到后续交流的顺利进行。

▶ 恰如其分的自我介绍

自我介绍时一般不宜用"很""第一"等表示极端赞颂的词语，但也不必有意贬低自己，关键在于掌握好分寸，一定要实事求是。过分谦虚、一味贬低自己去吹捧别人，或者自吹自擂、夸大其词，都是不足取的。

▶ 彬彬有礼的自我介绍

做自我介绍时，一定要注意语气与态度。

态度要自然、友善、亲切、随和，整体上讲求落落大方，忌讳妄自菲薄、心怀怯意。应正视对方，从容不迫。

语气要自然，语速要适当，语音要清晰。在长者或尊者面前，语气应谦恭；在平辈和同事面前，语气应明快、直截了当。生硬冷漠的语气、过快过慢的语速、含糊不清的语音，都会严重影响自我介绍的效果。

一段完美的自我介绍，在交往的开始即为自己树立一个良好的形象，会为你之后与对方交流打下良好的基础。这更像一项技能，除了性格因素的决定作用外，还需要多次的练习，以克服自己的心理、语言等障碍。

如何为他人介绍

我们在日常生活中与人交往，常常是通过第三者的介绍而与陌生人结识并成为朋友的。每个人都有可能充当被介绍者或成为他人的介绍者。为他人做介绍时应遵循以下基本礼仪原则：

▶ **在向他人介绍时，首先了解对方是否有结识的愿望。**

最好不要向你的朋友介绍他不愿结识的人，如果执意为之，只会让你的朋友感到厌烦，甚至可能会因此而影响你与朋友间的交往。

▶ **注意介绍次序。**

无论在日常生活中还是在正式的社交场合，通常，应该把客人介绍给主人；把晚到者介绍给早到者；把年轻者、身份地位低者介绍给年长者、身份地位高者；把年龄、职务相当的男士介绍给女士；把年龄低、未婚者介绍给已婚者。在集体介绍时，可以按照座位次序或职务次序进行。当在实际过程中上述的原则有冲突时，如年长者或位尊者同时可能是晚到者时，就要遵守"先向尊者介绍"的原则。

▶ **为两方做介绍时，应该多使用敬辞。**

在比较正式的场合，介绍时的用词也比较郑重，一般以"×××，请允许我向您介绍……"的方式介绍。在非正式的场合则可以随便些，可用"让我介绍一下"或"我来介绍一下""这位是……"的句式。介绍时要清晰地说出恰当的称谓，有时还可用一些定语或形容词、赞美词介绍对方，如果是业务介绍必须先提到组织名称、个人职衔等。例如：您好，张老师，我来介绍一下，这位就是我英俊的爸爸，七美广告公司经理××。

▶ **要注意手势和表情，并及时得体地给予回应。**

被介绍时，眼睛要正视对方。除年长或位尊者外，被介绍双方最好站起来点头致意或握手致意，同时应说声"您好，认识您很高兴"或"真荣幸能认识您"等得体的礼貌语言。

礼仪故事　主动向陌生人伸出友好之手的罗斯福

有人说，杰出者与平常人的最主要区别之一，就是杰出者认识的人比平常人多得多。而杰出者之所以能够认识更多的人，就是因为他们总是乐于和陌生人交往。从这一点上看，做一个杰出者并不难，只要你能主动地把手伸给陌生人就可以了。

美国前总统罗斯福是一个善于和人交往的能手。在早年还没有被选为总统的时候，有一次参加宴会，他看见席间坐着许多不认识的人。如何使这些陌生人都成为自己的朋友呢？他稍加思索，便想到了一个好办法。

罗斯福找到了自己熟悉的记者，从那里把自己想结识的人的姓名、情况打听清楚，然后主动走上前去叫出他们的名字，并和他们谈一些他们感兴趣的事。此举使罗斯福大获成功。后来，他运用这个方法为自己竞选总统赢得了众多的有力支持者。

善于与陌生人交往的罗斯福

亲爱的朋友，懂得怎样无拘无束地与人结识，是人们必备的一项社会生存技能，这能使我们扩大自己的朋友圈子，并使生活变得更丰富。

握手的礼仪

握手礼源自于西方,它随着世界文化交流的不断进行而在世界范围内得以推广,并且已成为当今世界上应用最为广泛的一种见面礼节,也是世界各国一致认可的官方礼节。

但是,握手不单是把手伸出去那么简单。握手的方式与力度会间接地反映出握手者的性格和为人处世的态度。通常,性格直率、为人热情的人,手掌宽厚、温热,握手的力度会比较大;而性格相对内向、不太愿意与人打交道的人,则手较凉,且握手的力度会比较轻,常常会给人以疏离的感觉。当然,更多的是介于两种类型中间的人,但可以肯定的是,当你与对方初次见面,握手的那一刹那,彼此对对方就有了一个初步的判断。为了给对方留下一个美好而有礼的最初形象,握手这个环节是不容忽视的。

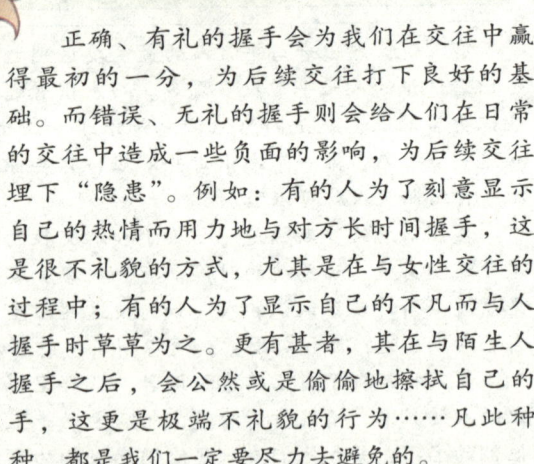

握手的方式与力度会间接反映出你为人处世的态度。

正确、有礼的握手会为我们在交往中赢得最初的一分,为后续交往打下良好的基础。而错误、无礼的握手则会给人们在日常的交往中造成一些负面的影响,为后续交往埋下"隐患"。例如:有的人为了刻意显示自己的热情而用力地与对方长时间握手,这是很不礼貌的方式,尤其是在与女性交往的过程中;有的人为了显示自己的不凡而与人握手时草草为之。更有甚者,其在与陌生人握手之后,会公然或是偷偷地擦拭自己的手,这更是极端不礼貌的行为……凡此种种,都是我们一定要尽力去避免的。

中国是一个讲究礼仪礼节的国度,而握手是日常生活中最常见的一种礼节。那么,怎样才是正确的行握手礼呢?让我们从以下几个方面阐述一下吧。

握手的次序

行握手礼时也要遵循一定的"礼数",才不致使双方感到唐突或尴尬。通常,握手时可遵循如下原则:

1. 主客之间,主人先伸手;
2. 年长者与年轻人之间,年长者先伸手;
3. 身份、地位不同者之间,身份和地位高者先伸手;
4. 女性与男性之间,女性先伸手。

握手的时间与力度

握手时必须掌握好力度,不要抓住对方的手使劲摆动或抓住人家的手长时间不放(尤其是男性与女性握手时)。正确的方式应该是,注视着对方的眼睛,热情而有力地握住对方的手5秒钟左右。与女性握手时,力度要轻些,时间也相应的要短些。

握手时的注意事项

切忌用左手与他人握手。当你与对方握手时,按照普通惯例,在握手时应该用你的右手,如果你用左手,是极其不礼貌的行为。尤其在一些宗教国家,左手被认为是不洁的,若你用左手与之握手,会被认为是对他的侮辱。

不要戴着手套与他人握手。戴着手套与他人握手,是对对方有失尊重的一种行为。因此,当你与对方握手时,不要戴手套,如果戴着手套,也要取下后再与对方相握。

不要心不在焉地与他人握手。在与人交往的过程中,专心与专注是对对方最基本的尊重。如果你在与别人握手时,目光飘忽或左顾右盼,是一种非常不礼貌的行为。握手时一定要注视对方的眼睛,并微笑致意或问好。

不要坐着与他人握手。在与对方握手时,如果你没有特殊的原因,一定要起身与对方握手,切忌坐着与对方握手,那会令对方感到被轻慢,而难于将后续的交流良好地进行下去。

在与女性握手时,尤其要注意握手的时间与力度。

礼仪故事　握手的魅力

坚强的玛丽·凯毕生充满着对生活的热爱,她的信条是:信仰第一,家庭第二,事业第三。

玛丽·凯在成就了梦想与事业的同时,也不断装扮着万千女人们美丽的妆容与梦想。

玛丽·凯女士（1919—2001）是美国玛丽·凯化妆品公司的创始人,如今,她的公司已拥有员工20余万人。在其成功之前,她曾是一名推销员。在她多年的从业经历中,有着难以尽数的失落与艰辛,婚变、失业、被冷落……但恰恰是这些磨难,也成为了她日后成功的原动力。作为其企业文化的一部分,每一位新加入玛丽·凯的员工都会得到一块刻有玛丽·凯"金科玉律"的大理石,上面刻着:你愿意别人怎样对待你,你就要怎样对待别人。这与她的一次难忘的握手经历不无关系……

有一次,销售经理召集所有销售人员开会,经理在会上发表了非常鼓舞人心的言论。会议结束时,大家都希望同经理握握手以示敬意。

于是玛丽排队等了3个小时,终于轮到她与经理见面。经理在同她握手时,甚至连瞧都没瞧她一眼,而是用眼睛去瞅她身后的队伍还有多长,甚至都没意识到他是在与谁握手。善良的玛丽理解他一定很累,可是,自己也等了3个小时,同样很累呀!

自尊心受到了伤害的玛丽暗下决心:如果有那么一天,有人排队等着同自己握手,自己将把注意力全部集中在站在她面前同自己握手的人身上——不管自己多累!

正是凭着这样的决心,玛丽虽是化妆品行业的门外汉,但她不断去握化妆品专家的手,去握广大美容顾问的手……终于创建了玛丽·凯化妆品公司,逐渐在世界上声名鹊起。玛丽也赢得了她心中那种握手的机会。

她多次站在队伍的前头,同数百人握手,常常要持续好几个小时。无论多累,她总是牢记当年自己排那么长的队等候同那位销售经理握手时所受到的冷遇,她总是公正地对待每一个人。如有可能,总是设法同对方说点什么。也许只同对方说一句话,如"我喜欢你的发型"或"你穿的衣服多好看啊",等等。她在同每一个人握手时,总是全神贯注,不允许任何事情分散她的注意力。

这样的握手,会使数百人都觉得自己是世界上最重要的人。

因此,她的公司就这样成为了全世界重要的公司之一。

龙文小百科　几种见面时常见的礼节

拱手礼

拱手礼即中国旧时的作揖。亲朋好友聚会、聚餐或祝贺、登门拜访、开会发言等，见面时相互都会施以此礼。拱手礼的行法，是行礼者首先立正，两手合抱前伸，然后弯身，并将合抱的双手上下稍作晃动。行礼时，可向受礼者致以祝福或祈愿，如"恭喜发财""请多关照"，等等。自己握住自己的手摇，代替握别人的一只手摇。

来华的外国人认为这种礼节东方气息浓厚，既文明又有趣。现在一般用在非正式场合或气氛比较融洽时，如春节拜会、宴会、晚会等。

吻手礼

吻手礼是欧美男士在较为正规的社交场合以亲吻女士手背或手指的方式，表示敬意的一种隆重的见面礼。做法是：男士行至女士面前，首先立正欠身致敬，然后以右手或双手轻轻抬起女士的右手，同时俯首躬腰以自己的双唇靠近女士的手，最后用微闭的嘴唇象征性地轻轻触及一下女士的手背或手指。行吻手礼通常仅限于室内，在街道上或是车站、商店等公共场合均不适用。对未婚少女是不行此礼的，它主要被男士用于向自己敬爱的已婚妇女表示崇高的敬意。

世纪婚礼上甜蜜的吻手礼。

特里萨嬷嬷和戴安娜王妃，虔诚的合掌礼。

吻手礼的吻只是一种象征，故要求干净利索、不发声响、不留"遗迹"，否则就显得无礼。

在波兰、法国和拉美的一些国家里，向已婚女士行吻手礼是男士有教养的一种标志。在一般情况下，中方女士遇到外方男士在社交场合向自己行吻手礼，是可以接受的。若推辞逃避，或是面红耳赤地不知所措，会让对方感到难堪。

合掌礼

合掌礼在东南亚和南亚笃信佛教的国家里十分流行。做法是：面对受礼者，两个手掌在胸前对合，五指并拢向上，手掌向外侧稍许有些倾斜，然后欠身低头，并口中祝福。

通常合掌礼的双手举得越高，表示对对方的尊敬程度越高。向一般人行合掌礼，合掌的掌尖与胸部持平即可，若是掌尖高至鼻尖，那就意味着行礼者给予了对方特别的礼遇。唯有面对尊长时，行礼者的掌尖才允许高至前额。

在以合掌礼作为见面礼的国家里，人们认为合掌礼比握手礼高雅，而且要卫生得多。因此，当别人向我们施以这种礼时，应尊重对方的习俗，以同样的礼节还礼。

除以上介绍的几种见面礼外，还有缅甸人常用的跪拜礼，尼泊尔、斯里兰卡、也门及波利尼西亚等地盛行的吻足礼，以及盛行于西亚与北非沙漠地区和新西兰毛利人的碰鼻礼。见面礼虽多种多样，且各自的讲究也不尽相同，但最重要的是行礼者要做到心中有数，真诚热情，用心专一。

迎来送往

在我们的生活中，迎来送往是常常会遇到的事情。这个"迎来送往"简单地说，就是"待客"，恰到好处地处理待客之道，在客人面前展现你彬彬有礼的姿态十分有利于主客间的深入交往。那么，怎样才是恰到好处的待客之道呢？

■ 当客人到来而被访者不在时

首先，要及时告诉来访者：被访者去了何处以及何时才能回来。同时，要简单地做自我介绍，然后请客人留下姓名、电话等资料，以便把来访者的身份告知被访者。

这时，若被访者愿意等待，你可以热情地将其迎进室内，给客人提供饮品、杂志等，并且，应该尽可能地及时为客人的饮品续杯。如果你本身也与客人十分熟悉，就应和客人闲聊几句，使等待不至于太过无聊，但这并不是必需的，要看你自己的时间是否允许，还要看客人是否有闲聊的愿望。有时，牵强的闲聊只会让双方都感到尴尬。

要注意的是：如果你的年纪尚小，一定要有安全意识——无论来访者是否与你或你的家人相熟，都不要请客人进入室内，只需请他与被访者联络好改日再来即可，以免发生不愉快的事情。

■ 当被访者不能马上与来访者会面时

如果被访者有其他的事情不能马上与客人会面，这时，你要向客人简明扼要地讲清理由以及其需等待的时间，并应询问来访者是否愿意等待。如果客人愿意等待，就可依上述的方式进行处理，否则，也要依上述的方式，简单地做自我介绍后记下来访者的姓名、电话，以转告被访者。

怎样接待不同民族的来访者

中国是一个多民族的国家，民族文化丰富多彩，但这无疑也给我们在待客方面提出了更高的要求。

如果是事先便已知道来客是少数民族，那最好是在宾客到来前就查阅一下该民族相关的风俗习惯以及民族禁忌，以避免在接待、交往过程中做出令对方不快的举动。如此，既体现了对对方的尊重，令对方备感亲切，又丰富了自己的知识以及后续的谈资，而令交谈更加融洽、愉快。

如果是在偶然中得知对方是少数民族，那就要及时地询问对方有何禁忌。如果在先前的交往中已经做出了触及对方禁忌的举动，就应及时向对方道歉。这是尊重对方的一种做法，丝毫不会让对方觉得你无知或是无礼。

各种场合中的待客之道

在各种场合，我们都有可能以主人的身份接待宾客，而且，在不同的场合，应该有相应正确的做法。但是，无论何种场合，有一件事都是要立刻去做的——及时带领客人到达其所要去的目的地。

各个民族的待客之道有所不同。

▶ **在走廊时你应该怎样做**

接待人员在客人二三步之前，配合步调，让客人走在内侧。

▶ **在楼梯时你应该怎样做**

当引导客人上楼时，应该让客人走在前面，接待人员走在后面；若是下楼时，应该由接待人员走在前面，客人走在后面。上下楼梯时，接待人员应该时刻注意客人的安全。

▶ **在电梯里时你应该怎样做**

引导客人乘坐电梯时，接待人员应先进入电梯，等客人进入后再关闭电梯门。当到达时，接待人员应及时按"开"的按钮，让客人先走出电梯。

▶ **在客厅时你应该怎样做**

当客人走入客厅，接待人员需用手指示，请客人坐下，看到客人落座后，再行点头礼离开。如客人坐错位置，应请客人改坐上座（一般靠近门的一方为下座）。

拜访礼仪

▢ 拜访时的注意事项

▶ 预约拜访要守时

当你预约去拜访他人时，要严格遵守约定的时间，准时前往，不要提前太多到达，以免主人因未准备好而感觉尴尬；不可迟到，更不可失约，如有特殊原因造成不能按时前往或失约，要及时告知对方，并向对方说明情况，并请求原谅以免浪费对方时间，避免对方因等待太久而心生恼怒。

▶ 选择适当时间到朋友家做客

要注意选好拜访时间，尽量回避被访者用餐及休息（特别是午休）的时间。不管是多么相熟的朋友，如果要拜访对方，都应提前与对方预约，贸然前往是很不合礼节的，一来你的贸然拜访会令对方措手不及，尤其是在对方已有安排的情况下；二来如果恰逢对方不在，也会令你徒劳而返。

"你终于来了，让我们好等。"

"叔叔，我们来找大伟，请问他在吗？"

▶ 有礼貌的会面

拜访他人时，仪表要整洁、端庄，以表示对对方的尊重。

到拜访对象门前时，要轻轻敲门或按门铃。这时要讲究敲门的艺术，通常要用食指敲门，力度适中，间隔有序敲三下；等待回音。如无应声，可再稍加力度，再敲三下；如有应声，再侧身隐立于右门框一侧，待门开时再向前迈半步，与拜访对象相对。

主人听到敲门或门铃声出来后，互相问候再进屋，不可门开即进；即使门大开着，也不可直入屋内，而应在门口说一声："请问×××在吗？"忌问"里面有人吗"。

进门后，要将自己的帽子、大衣、手套、雨具等交给主人处理，如果主人家屋内是用地毯或木地板铺地，则应向主人要求换拖鞋。

进入室内后，要向长者、熟人以及其他先来的客人打招呼，待主人安排座位后就座；主人端茶点等招待，要等年长者和其他客人取过之后自己再取用，并要起身道谢、以双手接拿，以示对主人的尊重与谢意。即使是在最熟悉的朋友家里，也不要过于随便。

在朋友家做客，无论是聊天还是看电视，都不要太晚，以免影响对方休息。

▶ **适时地告辞**

拜访时间不宜过长，以免打扰对方的正常作息，如午休、就寝等。切忌对方已面露倦容或是对话题毫无兴趣时，你还在饶有兴致地大谈。起身告辞时，要向拜访对象表示"打扰"之歉意。出门后，回身主动与被拜访者话别，并说"请留步"等。待主人留步后，走几步，再回首挥手致意："再见。"

不同场合的访客之道

在朋友家做客，不要只顾依据自己的喜好频繁转换频道。

▶ **在朋友家留宿**

当你遇到在朋友家留宿的情况时，一定要注意礼仪上的一些问题，比如：一定要注意个人卫生；不要与朋友聊天太晚，以免影响对方休息；在客厅看电视时，不要依着自己的喜好频繁转换频道；如果是在异性朋友家里，更要注意交往的安全，以防发生意外。

▶ **到办公室拜访**

如果你去办公室拜访对方，首先要与对方用电话沟通，征得对方同意后再去拜访。这样做可以避免对方不在，或者对方正在忙一些其他的事情，而没有时间接待你的到访。

▶ **到宾馆拜访**

如果你所拜访的人住在宾馆，要及时向对方询问清楚是在哪家宾馆以及房间号。如果没有对方的电话，只知道对方所住的宾馆，可以用电话联系宾馆的服务台，并准确地向服务人员报出自己所要拜访的对象的姓名，查到对方的房间的电话后应该事先与对方做一次电话联络，经对方允许后再前往拜访。

| 龙文小百科 | 当你拜访时主人不在怎么办？ |

我们在生活中常常会遇到这样的情况：当你去拜访某人时，由于没有及时与对方取得联系或没有对方的联系电话，而当你到达时对方恰好不在。如果遇到这样的情况，你应该有礼貌地向其他人问询，并把自己的姓名以及自己与所要拜访的人的关系告诉对方，这样，当对方得知情况后，就会及时与你联系。

邀请礼仪

在日常活动中,邀人做客是最常见的人际交往形式。我国自古就有广交朋友、热情好客的好传统。广交朋友是人生一件乐事,热情好客是胸怀坦荡、谦恭文明的美德,早在《论语》中就有"有朋自远方来,不亦乐乎"的佳句。

邀请和约会,十分讲究礼仪,可以说是一门艺术。俗话说:"主雅客来勤。"宾主之间圆满的礼仪形式,可以建立良好的人际关系,使交往的双方进一步增进感情,让交往更加和谐、深入。

明确邀请的目的

邀请的目的是多种多样的:可以是请人协助,可以是参与某项礼仪活动,可以是交流学习心得,还可以是研究讨论工作、学习中遇到的难题……

如果要举行某项礼仪活动,考虑得就要更加周到、全面些,相关的亲朋都应尽量邀请到。即使明知对方不能前来,也要发出友好的邀请,并希望对方尽量前来,但千万不要强求,以免对方为难。

邀请的方式

邀请有口头邀请和书面邀请,要根据内容和具体情况确定采用哪一种方式。

口头邀请,可以当面邀请、电话邀请或托人带口信邀请。口头邀请形式简单、方便,但语言要庄重、诚恳,否则对方会以为你并不认真,没有诚意或仅是客套而已,那样会令对方感觉受到怠慢而对后续的交往产生负面影响。

比较庄重、盛大的活动一般都通过正式的书面邀请函,即用请柬邀请。邀请内容复杂、需要用较多文字说明的,可以用邀请信。邀请函、邀请信可以邮送,也可以派人递送,对长辈、前辈等最好由主人亲自送到被邀请人的手中,以示尊重和隆重。

对于那些比较重要的邀约对象,或是场地对参加人员有较为严格限制的聚会,在邀请函发出后,还应及时电话联络受邀方,一来确认邀请函是否收到,二来确认对方是否可以前往,以利于邀约者能够更好地掌控聚会的状况。另外,在电话联络过程中再一次以言语真诚地邀请对方,会令邀约显示出加倍的真诚与隆重。

下周五我生日,大家都到我家做客吧!

如何正确地使用请柬

请柬，俗称请帖，是专为邀请客人而发的书面通知，是一种简单明了的书信，是为了表示对客人的礼貌、尊敬而使用的一种帖式。我国过去的民俗中，常用送帖的方式处理交往事务，密切人际往来。

现在的请柬，通常用硬质的卡片纸制作，分为封面、内文两部分。

▶对于请柬的要求

请柬既然是一种对客人表示礼貌的帖式，所以在制作时，应尽量精致，以表现出郑重的态度，一般要求是：

封面注重款式设计，要美观、大方，使客人收到后，备感亲切、快乐。

内文的文字既要准确简明，又要措辞谦敬文雅，感情真挚浓重。

送请柬不要过早或过晚，免得对方忘记或措手不及。

如果是请人观看演出等，应将入场券附上。

▶内文格式

第一行顶格写被邀请人的姓名和称谓（也可不写）。

中间空两格写活动内容、时间、地点等。

结尾写祝颂语或祈求语。

最后署上邀请人的姓名以及发出请柬的时间。

邀请的注意事项

▶事先征得家人同意

在邀请客人之前，首先应征得家庭成员的同意，包括老人和孩子的意见。除非特殊情况，比如恶劣天气或突发事件等，否则不要每个人都贸然决定邀请朋友到家中做客。

▶提前发出邀请

如果你准备邀约某人前往参加某项活动，那一定要提前通知对方，时间以3天左右为宜，不要搞"突然袭击"，这体现了对邀约对象的尊重。无论是口头邀请还是下帖请，这个礼数是必须尽到的。反之，如果活动前一两天才通知受邀对象，一方面会让对方感到措手不及，打乱对方已有的时间安排；另一方面也有可能会令受邀者对你的"诚心"感到怀疑，甚至以为你略有轻视他的意思。

总之，无论邀约对方参加的是隆重的婚宴，还是简单的下午茶，你都一定要及时发出口头的或书面的邀请。

当你被邀请时

接到邀请应及时予以答复。如因故不能前往，一定要首先感谢对方的邀请，然后向对方说明不能前往的原因；如能前往，也要首先感谢对方的邀请，然后核实时间、地点以及邀请人员范围并注意着装。

如临时有变故，一定要以口头或书面形式及时通知对方，除了真诚地道歉外，还应告知对方爽约的原因。

谢绝邀请的礼仪

在日常的人际交往中，我们总会遇到一些为难的事情。

例如，有同学约你外出游玩，可你因有其他事情而不能同往；有人送给你礼物，你又不好接受；父母出于疼爱，帮你做某些事情，但你又不愿让父母代劳……面对这些"难题"，有时，我们不得不使用谢绝的语言。

人们都不愿意自己的愿望遭到拒绝，一个断然的"不"字，更会有伤情面。所以，谢绝的语言要格外注意礼貌和分寸。

▶ 以感谢的态度婉言谢绝

如果对方发出游玩的邀请或赠送礼物等，而你出于某种原因需要谢绝时，要感谢对方的热情、友好，表示非常高兴接受这份感情。如："非常感谢你对我的关心。你这番好意我心领了！""谢谢你的好意！"……这样一来，对方即使被回绝，仍觉得你是个通情达理的人，因为你理解了他的美好用意。

▶ 以诚恳的致歉婉言谢绝

当你不想接受对方的邀请时，应该礼貌地说："对不起，让您失望了！""很抱歉，我实在不能……""请您原谅……"为不能满足对方的愿望而致歉是非常必要的。这些话绝非可有可无，没有它，将使你显得高傲而不近人情。

▶ 寻找借口要得当

找一个借口来谢绝对方并不是不礼貌。事实上，借口是生活中必不可少的。在许多情况下，要拒绝对方的某一要求而又不便说明理由时，不妨找个恰当的借口，以正当而不至于使对方难堪的理由来回避对方的要求。

例如，你不太喜欢和某一个同学在一起玩，可他偏偏硬是拉你去打球。这时不妨找一个借口，说："对不起，我今天约了朋友到我家里去玩的（实际不是）。"这样，既达到了谢绝的目的，又没有伤到彼此的和气。

龙文小百科　怎样写拒绝信？

亲爱的朋友，当你拒绝别人的邀请时，应该怎样写拒绝信呢？

我们知道，写拒绝信要简洁明了而婉转，最好不要给人以被拒绝的感觉。对于正式邀请的谢绝，一般用第三人称写，对于非正式邀请的谢绝，一般用第一人称写，并要签名。

其内容包括：

首先感谢对方的盛情邀请，并对不能应邀赴约而深表遗憾；

之后简单陈述一下不能应邀的理由；

最后表示相信今后一定会有机会见面，或向邀请人致以诚挚的问候。

道歉的礼仪

"知错就改,善莫大焉。"人不怕犯错误,就怕不承认过失。在人际交往中,如果自己的言行有不当之处,比如打扰、麻烦或是妨碍、伤害了别人,最聪明、最得体的方法就是及时向对方道歉。

比如说,因为当时不了解实际情况,而错怪了朋友,那么在获知实情后,就绝不能文过饰非、将错就错,甚至一错再错,而应当马上以适当的方式向朋友真诚地道歉,以得到朋友的原谅。如此,既使友谊得以延续甚至更加深厚,又恰当地体现出了自己的气度和风范。

道歉的好处在于,它可以冰释前嫌,消除他人对自己的恶感,也可以防患于未然,防止不必要的情感或肢体冲突,甚至还会因此而为自己赢得新的朋友。

例如,在马路上行走无意中碰撞了他人时,在公共汽车上挤了别人或踩了别人的脚时,在狭窄的过道里需要在别人面前勉强通过时,因有事而要打断别人的谈话时,因自己不注意挡住了别人的视线或光线时,未能办好别人托付的事情时,失礼、失约、失言或失手时……面对这些情况,你都应主动向他人道歉。

道歉是一种风度

道歉是"知错就改"的最直观的体现,它绝不简单地等同于低头认输。它是人对自身行为进行反思后的一种客观认识和纠正,这种行为本身就是道歉者风度的一种体现。既然是风度的体现,那么它在表达时就应格外注意下列问题:

▶ 道歉语应当文明而规范

如有愧对他人之处,宜说:"深感歉疚""非常惭愧";渴望见谅,需说:"多多包涵""请您原谅";如有劳别人,可说:"打扰了""麻烦了";如在无意中伤害了别人,通常说:"对不起""很抱歉""失礼了"……

▶ 道歉应当及时

知道自己错了,马上就要说"对不起",否则拖得越久就会让人家越"窝火",越容易使人误解。道歉及时,还有助于当事人"退一步海阔天空",避免因小失大。

▶ 道歉应当大方

道歉绝非耻辱,故而应当大大方方地表示,不要遮遮掩掩。道歉时要真诚、专注,不要手头边干着其他事情边道歉,这样会让对方觉得你在敷衍,也就不

"别生气了,我是和你开玩笑的。"

会原谅你。更不可因自身的错误就过分贬低自己,这不但使别人难以领会你的用意,还可能让对方看不起你,而没有起到道歉的作用。

▶ 道歉并非万能

当自身的行为、言语出现错误时,一定要真诚地向对方道歉,但要知道道歉不是万能的,重要的不是道歉这个行为本身,而是自己此后的所作所为要有所改进,千万不要言行不一、道过歉后依然故我。如果让道歉流于形式,只能证明自己待人缺乏诚意。

▶ 为该道歉的道歉

有时候,我们或是为了息事宁人,或是出于一些特殊原因,要为不是自身的错误而道歉。但你应该记住一点:不该向别人道歉的时候,就千万不要向对方道歉。包揽错误,对方不仅可能会不领情,搞不好对方还可能会因此而得寸进尺,向自己发难。

道歉的方式

当面向对方表示真诚的歉意是道歉最佳的方式,但有时候当面道歉也许会令你觉得难以启齿,那么,你还可以尝试用另外的方式表达你心中的歉意。

▶ 书信的方式

一封言辞恳切的致歉信不但能够帮助你表达心中的歉意,同时也为你化解了直面陈言的尴尬。

▶ 转达的方式

求助于可信赖的第三方,请求他为你转达歉意。其实,这种方式并不可取,因为毕竟是第三方的陈述,有时难免会有些表述上的差误,如果因此而产生误会,不但达不到预期的效果,反而令矛盾加深,对于进一步的交往就更加障碍重重了。

▶ 借助"物语"的方式

生活经验告诉我们,当我们给对方送上一束鲜花或是一件小礼物,婉"言"示错,会令道歉更加自然,显得更有诚意。

▶ 改正的方式

有些过失是可以用口头表示歉意并能产生效果的;有些过失不但需要口头向对方表示歉意,而且需要有改正过失的行动;也有的过失只需要用行动来弥补。而改正过失的行动,才是最真诚、最有力、最实际的道歉。

礼仪故事　负荆请罪

战国时期，有7个大国——秦、楚、燕、韩、赵、魏、齐，被称为"战国七雄"，其中秦国最强大。有一次，赵惠文王得到一块价值连城的玉璧——和氏璧，秦王想凭强权夺得这块玉璧，赵王便派蔺相如到秦国去交涉。蔺相如见了秦王，凭着机智和勇敢，完璧归赵。

秦昭襄王一心要使赵国屈服，接连侵入赵国边境，占领了一部分地方。公元前279年，秦昭襄王耍了个花招，请赵惠文王到秦地渑池（今河南渑池西）会面，意欲加害。赵惠文王开始怕被秦国扣留，不敢前往。在大将廉颇和蔺相如的坚持下方同意赴渑池。他叫蔺相如随同前往，让廉颇留在本国辅助太子留守。

在渑池，蔺相如的机智与勇敢不但令赵王得以保全性命，更是令赵国得以免受强秦之辱。

渑池之会后，赵惠文王更加信任蔺相如，拜他为上卿，地位在大将廉颇之上。

赵王如此器重蔺相如，大将廉颇便感觉有些不服气。他说："我为赵国出生入死，打下大片江山，难道不如蔺相如吗？蔺相如仅凭一张嘴，有什么了不起的本领，地位竟然比我还高！我要是碰到蔺相如，一定要当面给他难堪。"

廉颇的这些话传到了蔺相如的耳朵里，他立刻吩咐手下的人，让他们以后遇到廉颇手下的人要以礼相让，不要和他们争吵。有一次他自己坐车出门，远远看见廉颇从前面过来，便叫车夫把车子赶到巷子里，等廉颇过去了再走。

蔺相如手下的人受不了这个气，就对蔺相如说："您的地位比廉将军高，他骂您，您反而躲着他、让着他，他越发不把您放在眼里。这样下去，我们可受不了。"

蔺相如心平气和地问他们："廉将军跟秦王相比，哪一个厉害呢？"大家都说："当然是秦王厉害。"蔺相如说："天下的诸侯都怕秦王。可是为了保卫赵国，我敢当面责备他。怎么我见了廉将军反倒怕呢。强大的秦国之所以不敢来侵犯赵国，正是因为有我和廉将军两人在。要是我们两人不和，秦国知道了，就会趁机来侵犯赵国。你们想想，国家大事要紧，还是私人的面子要紧？"

蔺相如手下的人听了这番话，非常感动，以后每次看见廉颇手下的人，都小心谨慎，对他们总是以礼相让。

后来，蔺相如的这番话传到了廉颇的耳朵里，廉颇感到十分惭愧。于是，他裸着上身，背着粗糙的荆条，亲自到蔺相如的家里登门请罪。他说："我是个粗人，见识少，气量窄，只为一己私荣而置国家安危于不顾，实在惭愧，请您责打我吧。"蔺相如赶紧把荆条卸在地上，双手扶起廉颇，给他穿好衣服，拉着他的手请他坐下，对他说："咱们两个人都是赵国的大臣。将军能体谅我，我已经万分感激了，怎么还来给我赔礼呢？"

于是蔺相如和廉颇成为生死之交，齐心协力为国家办事，秦国因此更不敢欺侮赵国了。

邮票上的历史故事

位于邯郸的蔺相如回车巷今照

对待残疾人的礼仪

每一个国家都有弱势群体存在，残疾人则是弱中之弱，他们的生存状态是一个国家文明程度最具代表性的反映。因此到一个国家，不用看建筑有多么高大，场馆有多么奢华，只要看看残疾人设施是不是随处可见，再看看他们脸上的表情，是安详还是焦虑，是快乐还是阴郁，你就能对这个国家的社会状况判断出个大概了。

由于残疾人这个特殊群体的情况很复杂，残疾部位不同，形成的原因不同，每个人的经历差别就更悬殊了，所以，有不少人在长期的实践中经过艰苦的磨炼，锻炼了他们的意志，培养了超过常人的心理承受能力，增强了信心和勇气，造就了吃苦耐劳、奋斗不息的品格，为社会做出了贡献。

张海迪和海伦·凯勒就是残疾人群体中最为突出的代表，尤其是海伦·凯勒，她以其勇敢、非凡的独特方式震撼了世界，令人们对她的敬慕之心油然而生。

但是，对于大多数残疾朋友来说，由于身体原因，他们在学习、求职、工作、生活等问题上遇到更多、更大的困难，从而造成了他们的心理状态有异于正常人，如性格比较内向、自卑感强、内心胆怯、害羞、怕与人交往，甚至形成了孤僻、古怪的性格。有些人因此而轻视他们，甚至嘲笑、嘲弄他们，这都是非常没有教养的行为，这不仅伤害了那些身体存有缺陷的朋友，而且令自己在众人面前显得浅薄、无礼。

因此，对待残疾人要根据他们的心理特征和具体情况进行交流沟通，在很多地方要有别于对待健全人的礼仪要求。

龙文小百科　帮助他人时，掌握好分寸

当你在车水马龙的街上遇见盲人欲过马路时，应该快步走到他身旁，友好地说明自己的身份，征得他的同意后再帮助他穿过马路。

须要注意的是，因为残疾人通常都很好强，他们反感别人怜悯他们，如果不征得他们的同意就上前帮忙，很有可能会被拒绝，甚至听到些刻薄的话，反而会使你陷入尴尬局面。

对待残疾人要更多一些理解、关心和耐心，一定要用平等的、友好的态度发自内心地与他们交往，给予他们最需要的帮助。

不要小看了这不起眼的坡道，是它们让乘轮椅的朋友们出行成为了可能。

▣ 在交谈时

当和残疾人谈话时，要特别注意回避与其生理缺陷有关的词语和内容。能够交谈的话题很多，何必要刻意去讨论这类可能会伤及对方心灵的问题呢？聊聊彼此都感兴趣的话题，让交谈变得更加愉快、深入，岂不更好吗？当然，如果遇到专门要讨论关于残疾人群的话题那就另当别论了，但在这个时候，我们就要注意另一个方

面的问题了，那就是用词。

首先，在称呼上，一定要做到尊重、亲切。千万不能叫"李瞎子""张跛子"之类，就是再熟悉的人，也不要这样称呼，即使你是想要开个玩笑或是活跃一下气氛。

当有残疾人在场的时候，如果不可避免地要提到与之疾患有关的话题，一定要尽量使用委婉语，如用眼疾或盲症指视力障碍、用重听指听力障碍、用智障指有智力障碍、用腿疾或脚疾指下肢不健全、用"雨人"指自闭症患者……先前的残疾人奥运会如今也已改称特殊奥林匹克运动会，全世界、全社会对这一特殊人群所给予的关注与关爱，由此细节便可见一斑。

对他人的关爱就如同午后的阳光，娴静又无比温暖。

📋 在眼神上

与残疾人相遇时，你的目光很重要，若不注意，必定会刺痛他们的内心，因此，必须要做到以下两点：

▶ **要用正常的目光看待**

千万不要一看见残疾人就显露出奇怪的样子，因为你的好奇心，有可能会让对方感觉受到了歧视。

▶ **不能把目光停留在他们的残疾部位**

如果事先不知道，看见后应该很快把目光移开；如果事先知道的话，根本没必要注视其残疾的部位。有的人见到陌生人后，习惯性地要把对方上下打量一番，这对健全人来说也许算不上是什么无礼的举动，但是绝对不要用这样的眼光去打量残疾人，因为他们中的大多数人原本就会由于身体的残疾而感到自卑，如果再被人仔细地上下打量，无疑会给他们带来更大的心理压力和思想负担，很可能会伤害他们的心灵。

我们尽量给这些不幸的人们一些力所能及的帮助，不但让他们更多地感受到人们的关爱，而且会让我们在帮助别人的同时体会到快乐，同时完善了我们的情操与人格。

对待老人的礼仪

孝敬老人是我们中华民族的传统美德，过去有句古话说：人生在世，孝字当先。有的地方也这么说：作为人子，孝道当先。

老年人曾经是社会的中坚力量，即便是如今年老了，他们也依然在凭借着自己丰富的阅历、经验以及尚存的体力为社会、为后辈做着贡献，大到为国家、社会的各项科学、文化、政治事业的发展献计献策、培养新生力量，小到为家庭洗衣、做饭、照顾晚辈……

老年人就像是一片亮丽的晚霞，在黑暗来临前依然照耀着地上的人们，灿烂、温暖、安详而静谧。年轻时，他们的怀抱曾经养育了后代；年老时，他们的怀抱依然是后辈们最安全的避风港。作为晚辈，有什么理由不尊重他们、不给予他们最高的礼遇呢？

诚然，如古书上所说的卧冰求鲤、尝粪忧心、刻木事亲、为母埋儿、恣蚊饱血未免太过夸张，到如今也已不合时宜，但其中所包含的孝敬父母的思想，的确是值得我们传承的。

孝敬、尊重老人绝不是要求年轻人为他们做出什么轰轰烈烈的大事情，而是要让年轻人从身边的点滴小事着眼、入手，给予老人们最贴心、最温暖的关怀，哪怕是一句亲切的问候、一杯暖暖的香茶、一次温暖的搀扶、一个灿烂的微笑、及时伸出一双帮助的手……

孝敬老人不单纯是要孝敬自己的父母，而是应该扩展到我们身边所遇到的所有的年长的人们。"老吾老以及人之老"便是这种思想的体现，科学技术、文化思想发达至此，我们的觉悟怎可落后于古人！

事实证明，社会越发展，全社会的文明程度越高，尊老、敬老的风气也就越浓。这是社会主义精神文明的一个显著标志。

亲爱的朋友们，相信尊老、敬老也一定是我们共同的美好愿望，那就让我们一同努力，为这个美好的世界再添些亮丽的色彩吧。

儿时的我们柔弱、无助，父母温暖的胸怀就是我们的天堂，我们慢慢地长大了，稚嫩的肩膀变得越来越坚强，那也一定是父母可依可靠的温暖港湾。

☐ 礼貌的称谓

无论在哪里，当我们见到老年人时，都要使用敬语，即使是相熟的自家长辈、邻居都是一样。有的人认为都是一家人，或街坊邻里的太熟悉了，用不着这么多"讲究"，便开口闭口"老头儿""老太太"地称呼，这是非常不礼貌的表现。对于陌生人，就更不用提了，如此没礼貌地称呼，只会招来对方甚至旁人厌恶的白眼。在不尊重对方的同时，也令自己斯文扫地。

有这样一则笑话：有一个年轻人到了一个陌生的城市，迷了路。正在着急的时候，恰巧看到一位老伯拄着拐杖走过来。

年轻人急忙上前问道："嗨，老头儿，去平安街怎么走啊？还有多远啊？"

老伯看了看年轻人，说："顺着这条路往前，走500拐杖再往东，再走40拐杖就到了。"

原本就因为迷了路而急躁的年轻人懊恼不已，生气地说："你这老头儿怎么回事啊？成心捣乱是不是？说路应该按里，懂不懂？"

老伯听了，同样气愤地说："按里？按理你应该叫我大爷！"

年轻人听了，一下子羞得满脸通红，连连向老伯道歉。

朋友，从这则笑话中，你看到了什么呢？

在公共场合遇到老人时

当你在公共汽车上、地铁里遇到老人时，上下车一定要主动让老年人先行，或帮忙拿一下东西、扶一下等，并应该有礼貌地主动让座。即便是这时候，开口讲话也要先使用敬语，比如："老伯，您来坐在我这里吧""大妈，东西这么重，我来帮您提吧"……

当我们在街道上、商场里、公园中等公共场合遇到老年人时，同样应该注意礼让。老年人由于年龄所限，行动有时可能会缓慢些，我们应该给予他们充分的理解，切不可因为赶时间就一味地催促、用力拥挤，甚至用手推搡，这不但是极端无礼的行为，而且可能会给老年人带来不必要的伤害。

这些事情看起来虽然很微小，但是却能表现一个人的精神风貌和内在涵养。你做到了哪些，哪些又是你没有做到的呢？静心反省一下，从现在开始，让我们共同努力，做得更好些吧。

网络礼仪

网络礼仪是指在网上交流信息时被嘉许的各种行为。在因特网上,由于各种环境因素,当你与他人交流时,对方未必能够完全正确地理解你所表达的意思,很容易陷入"言者无意,听者有心"的困境。所以,必须注意自己的言行举止。

无论你对自己的礼仪有无信心,都请阅读此网络礼仪指南。

遵循网络礼仪

为了使我们的网络活动有组织、讲文明,我们在网上交往都要遵循网络礼仪,这就是我们在网络活动中要遵守的规则。

1. 在网上的语言要尊重别人。在做一件事情或发表一些言论之前想想这么做会不会伤害别人,只有你尊重别人,别人才会尊重你。

2. 在论坛等空间发帖的时候应该尽量做到主题明确,不论别人回复得正确与否你都要表示出感谢(当然对于那些恶意捣乱的人你没必要这么做)。要使用文明用语发帖,尽管你的提问没有得到回应,你也不要攻击其他人,因为任何人都没有为你服务的义务,有礼貌的提问有助于你的问题得到更好的解答。

3. 尊重他人的隐私。不追问、不泄漏别人的隐私。尊重他人的劳动,不剽窃别人的作品。

4. 在网络上要以理服人,与对方要平心静气地争论,不攻击别人。

5. 如果网络上的提问得到有效的答复,尤其是得到以电子邮件方式的答复时,你要把答复公布到相应网络空间上,把自己学到的知识与大家分享。

文明上网,坚决杜绝一些不良行为

盗用他人 ID 与各类密码的行为
恶意散布各类不良信息的行为
妨碍网络系统安全的行为
沉迷于网络游戏的行为
侵害他人隐私的行为
中伤、诽谤他人的行为
登陆非法网站的行为

文明上网会令我们的生活更加丰富多彩。

第3章

在学校的礼仪

真正的礼貌就是克己,就是千方百计地使周围的人都像自己一样平心静气。

——蒲柏

课堂礼仪

☐ 上课

学生应当准时到校上课，若因特殊情况，不得已在教师上课后进入教室，需先得到教师的允许，方可进入教室。

上课铃一响，学生就应端坐在教室里，等候老师上课。当教师宣布上课时，全班应迅速起立，向老师问好，待老师答礼后，方可坐下。

☐ 听讲

在课堂上，要认真听老师讲解，集中注意力，独立思考，重要的内容应做好笔记。当老师提问时，应该先举手，待老师点到你的名字时才可站起来回答问题。发言时，身体要立正，态度要大方，声音要清晰响亮，一定要讲普通话，这样表示对老师的尊敬。

☐ 下课

听到下课铃响时，若老师还未宣布下课，学生应当安心听讲，不可着急收拾书本，或把桌子弄得乒乓作响，这是非常不礼貌的举动。下课时，全体同学仍需起立，与老师互行注目礼，然后说"老师再见"，待老师离开教室后，学生方可离位。

认真听讲、记笔记，不仅有助于我们的学习，而且是对教师的尊重。

龙文小百科 老师在课堂上讲错了，你该怎么办？

在我们学习的过程中，偶尔会遇到老师在课堂上讲错的状况。这时，你不要马上在课堂上站起来指出老师的错误，如果那样做会出现很尴尬的局面，既会使老师难堪，又显得你没有修养。即使是当时提出，也应先举手，待老师询问后再以委婉商讨的态度去表达。

通常的做法应该这样：等下课后，单独向老师反映你发现的问题，这样既体现了你关心尊敬老师的品德，也显示了你良好的修养。作为一位师德高尚的教师，他不仅不会恼怒你指出他的错误，反而会因此更加注意自己日后的教学，并会及时向学生更正自己的错误、表扬你的细心与认真。

服饰仪表

美国一位服装史学者曾指出:"一个人在穿衣服和装扮自己时,就是在填一张调查表,写上了自己的性别、年龄、民族、宗教信仰、职业、社会地位、经济条件、婚姻状况等。"由此可见,服装就像是人们心灵的一面镜子,展示出个人的审美能力,表现出自己独特的内心世界和个性特征。既然服饰代表一种个性特征,那么,青少年的日常着装又该怎样突出自我呢?

■ 正确地穿着校服

每一个学生都有校服,大部分学校都要求学生在校期间必须穿着校服,也有些学校只在有集体活动时才要求学生穿着校服,但无论是哪一种情况,学生都要遵守学校的规定,保持校服的干净、整洁。穿着脏兮兮、皱巴巴的校服不仅会让自己的形象大损,而且破坏了学校的形象,是很不得体的。

干净整洁的校服,灿烂阳光的笑脸,尽显青春与活力。

■ 不要一味地效仿他人

追求流行,担心自己的着装落伍,这是当代青少年的一个明显特点,这种求新爱美的心态是正常的,但不要脱离自身的条件而去盲目追逐时尚,那样不仅会加重家庭的负担,更会因此而失掉了自己特有的个性、特质,甚至会弄巧成拙,成为他人的笑料谈资。

■ 根据自身条件选择适宜的装扮

青少年的装扮要顺乎自然,不要过分雕琢。着装尤其应以清纯自然为好,表现出学生特有的青春朝气和活力。

随着我国经济文化的对外开放,有些青少年在穿着打扮上也开始变得富有个性美。但有些学生,喜欢模仿国内外明星们的夸张装扮,怪异的发型、夸张的饰品、袒胸露背的衣着、画眉涂唇的妆容,甚至刺青、穿鼻环、舌环、脐环……这令青少年学生纯美、自然的特质丢失殆尽,有些行为还会对学生的身心健康造成危害(比如不恰当的化妆、穿环等,极易造成局部感染),实属得不偿失。

对于青少年来说,装扮自己应遵循以下原则:合体、适时、整洁、大方。

尊师礼仪

☐ 与老师相遇时

作为学生，无论你在校园内还是校园外，当你与老师相遇时，都应主动地向老师行礼问好。

☐ 在老师的工作、生活场所

当你有事情需要去找老师的时候，无论是去老师的办公室还是宿舍、家里，都应先敲门，经老师允许后方可进入，进入后不要随意翻动老师的物品。

☐ 不要私下对老师评头论足

学生对老师的相貌和衣着不应指指点点、评头论足，要尊重老师的个人习惯和人格。当然，人无完人，老师或多或少也会有缺点和错误，当你认为老师的某种行为或习惯影响了教学或与学生的交流时，你应该在合适的时间和地点礼貌地向老师指出，而不应在私下里与同学妄加评论，甚至以言语或不恰当的行为加以攻击。

☐ 正确对待批评

当你犯错误时，要认真、诚恳地接受老师的批评，认真地反思自己的行为，并要学会做自我反省与检讨，以使自身不断得到完善。

当你认为老师的批评不正确或有失公允的时候，言辞激烈地加以辩解或是一声不吭地全部承担都是不正确的。你应该适时地向老师解释清楚，以减少不必要的误会，使你与老师之间有更好的交流与沟通。

学生和老师之间只有相互了解与沟通顺畅，才能令校园生活更加和谐、愉快。

☐ 遇到节日时

在各种节日时，我们在向亲朋好友送上祝福的时候，千万不要忘记也给培养我们的老师送上一份真挚的祝福，尤其是在教师节的时候。我们每一个人都曾经是一个学生，因此，莫忘师恩是我们每一个人都应具备的良好品德。

同学间的交往礼仪

通常，我们每个人都会有长达十几年甚至二十几年的学生生涯，如果说活到老学到老的话，那就更可观了。在这期间，我们与同学间的交往就显得尤为重要，同学间的交往是我们走向社会的前奏，它令我们感受到人际交往的乐趣与困惑，让我们的公共人格得以发展并走向成熟。

同学间良好的人际交往令我们的学生生涯更加丰富多彩，尤其是青少年阶段，和谐的同学关系将是我们一生中最纯洁、最美好的记忆，这份美好的友谊甚至会伴随我们终生。但是，这份美好也并非唾手可得，它需要我们付出努力。要想使同学间的关系和谐，至关重要的一点是：以礼相待，以诚相待。

同学之间要有礼貌

一个彬彬有礼的人在任何时刻、任何场合都是受人欢迎、令人尊重的，同学之间也不例外。

同学之间虽然年龄相近，也同样要使用礼貌用语。不要张口就是祈使句，"喂，你过来一下。""嘿，这道题怎么做啊？""喂，把尺子给我用用。"……这些话只能让你的同学对你产生反感，久而久之，你就成了不受欢迎的人。

另外，要注意不要随意给同学起绰号，尤其是那些带有贬损意味的绰号。贴切的昵称会令同学间的关系更加和谐、亲密，但揶揄的称呼、蔑称一定会伤害对方，也丝毫不会令你显得幽默。

当然，不讲粗话、脏话，是每一个学生应该自觉遵守的基本规范。

龙文小百科 怎样对待有生理缺陷的同学？

在我们的学习生活中，免不了会遇到一些在生理上有缺陷的同学，如果你遇到了这样的情况，应该怎样对待他们呢？

首先，我们绝对不能因此而嘲笑他们，而应该主动、热心地关心他们，帮助他们。他们由于身体上的缺憾，往往会产生自卑感，情感上也更加细腻、敏感，如果我们在日常与他们的交往中不加以注意，很可能就会在无意间伤害了他们。与他们相处的法宝就是：把他们当作和大家一样的正常人，在他们感觉不便的时候，适时地伸出援助之手。

阳光四射、青春洋溢的笑容,永远是我们最美好的记忆。

一个团结友爱的集体,会令我们的校园生活充满温馨、乐趣。

同学之间要热忱相待

以饱满的热情感染身边的每一个人,以一颗真诚的心善待周围的每一个人,如果每一个人都能努力做到这一点,那我们每一天的校园生活无疑将会是阳光灿烂的。相反,如果你总是一副拒人于千里之外的冰冷面孔,待人缺乏一颗诚挚的心,毫无疑问,校园生活对于你来说将会是寂寞难挨、灰色而阴暗的。

同学之间要团结友爱

在我们的学生生涯中,与同学相处的时间要远远多于与家人、老师相处的时间,这就使同学间的相处变得极为重要。如果和谐愉快,将会令我们的学习生活更加轻松高效;如果相处时矛盾、龃龉不断,将会给我们的学习生活带来极大的负面影响。

团结、友爱会使我们的班级具有更大的"能量",令班级中的每一个成员具有更大的进取热情,这种"能量"与热情便是我们不断取得成绩、通往自我完善的原动力之一。一人有事,大家相帮;班级有事,共同努力……试想一下,这是多么令人温暖与振奋的情景啊。

团结、友爱是与人友善的一种最直接的表现方式,也是具有团队精神的一种体现。具有团队精神对于如今的合作型社会来讲,显得至关重要,这种能力与精神的培养也逐渐被人重视起来。

因此,对于身心处于成长期的青少年来说,能够团结同学、友爱待人是一项必须注重去培养和发展的能力。

对于那些不能与多数人友好相处,热衷于搞自己的"小山头"的同学,我们也不能简单地嫌恶、抛弃,而要热情地团结他们,让他们感受到团结的大集体中的乐趣,进而使他们也成为团结友爱的大集体中的一员。

同学间相处要大公无私

学校也是社会的一个缩影,同学们的脾气、秉性各不相同,因此,要友好相处就要双方都付出努力,能够彼此理解、彼此包容,才能令相处更加融洽。

那些心里只有一己之私、只会打自己的"小算盘"的人,是不会拥有真正的友谊的。只有那些心底无私、能够以集体的利益为先,能够站在对方的立场上替他人着想的人,才会受到大家的欢迎。

同学间相处要有公德意识

学校同样是一个公共场所,在公共场所中的任何规范都是同样要遵守的。一个缺乏公德心,喜欢随意高声喧哗、乱刻乱画、随地吐痰、乱丢废弃物、攀折花木的人,一定会令周围的人生厌。从小培养公德心,对于青少年朋友们进入公众社会,并成为其中受欢迎的一员是极为重要的。

同学间交往八大禁忌

不粗言秽语
不恶语相向
不飞短流长
不拉帮结派
不自私自利
不斤斤计较
不盲目攀比
不损害他人利益

龙文小百科 当你遭遇校园暴力怎么办?

近些年来,各种关于校园暴力的文章、视频等屡屡见诸各种媒体,令人们不得不重新审视这个青春洋溢、却也充满了迷茫与躁动不安的群体。

在我们的校园生活中,对于遇到什么样的同学我们是无法掌控的,对于偶遇就更无从掌控了。但是如果我们不幸遭遇了校园暴力,那也不要害怕,应该及时地告诉老师和家长,甚至报告当地的公安机关,以协助解决,使自己免受更加严重的侵害。

一味地默默忍受以求息事宁人的态度是不可取的,那只会让不法的行为更加嚣张。但是,以暴制暴也是不可取的,那只会令冲突不断升级,使自己受到更加严重的身心伤害,甚至滑向犯罪的深渊。

住宿学生礼仪

对于住校学生来说，每天都生活在一个大家庭里，学习、生活及其他活动都是在集体中进行的。因此，除了要自觉遵守学校关于住宿的规章以外，还应特别注意如下一些礼仪。

☐ 谦逊、礼让

当你早晨起床时，如果看见老师和同学，应主动打招呼；晚上就寝前，则应与同寝室的同学们道晚安；使用公物，特别是在公共场所用水或晒衣时，或是使用校内、宿舍内的公用电话时，不要长时间占用，要先人后己，礼让三分。

☐ 遵守住宿的规定

在住校的日常生活中，起床、就寝、自修、用餐、熄灯等，都应按照学校规定的作息时间进行。

注意不要随便使用、翻弄或移动别人的东西；个人用品应放置在固定的地方，如有遗失，不可胡乱猜疑别人。

平时在宿舍里不要高声谈笑；收听广播、录音等尽可能使用耳机，或尽量把音量调低一些；夜间就寝后上下床动作尽量要轻，要尽可能使用微型手电筒照明……以免影响他人学习或休息。

要随手关灯，节约用水，不浪费粮食，不损坏集体宿舍的各种设备，如无意中损坏了公物，要主动承认并自觉赔偿。

☐ 注意搞好个人卫生

有些"不拘小节"的同学，总是不把个人卫生当回事，或者认为那是我自己的事情，与别人有什么相干！这种态度是不对的，是否有良好的个人卫生习惯，也是自身修养好坏的重要指标之一。

首先，良好的个人卫生习惯有助于自身的身体健康；其次，寝室是一个小型的公共区域，个人的卫生习惯会直接、间接地影响到整体的寝室卫生状况。为了大家的身体健康，每一个人都要自觉养成良好的卫生习惯，共同创造一个干净整洁的生活、学习环境。

相互关心，团结友爱

作为在校住宿学习的学生，可能没有太多的生活经验。在这种情况下离开父母投入集体生活，必然会遇到种种问题与困惑，甚至是麻烦。住在同一个寝室中，大家就如同一家人一样，倘若同学间能够相互关爱，那么身处其中的每一个人都会感受到如春风般温暖和煦的爱，也会令家长更加放心。因此，在集体生活中互相关心是极其必要的。

当你生病时，如果你的室友为你端来一杯热水、送来一份热乎乎的饭菜，相信你内心一定会感受到一份别样的温暖。将心比心，相信你也一定知道该如何对待你的室友了。

重视公共卫生与安全

寝室内公共区域内的清洁卫生，要自觉维护和主动打扫，常有同学抱怨说："我在家里都不打扫卫生，为什么到这里就要打扫！"这是一种非常错误的态度与行为，因为，当我们身处一个集体中时，绝不能只顾自己的感受，要有全局观念、要懂得替他人着想、要懂得换位思考。

不随便去其他宿舍串门，尤其是异性宿舍，更不要随便把校外人员带入寝室，以免影响他人的学习和生活，这也有利于公共安全的维护。

另外，还要注意用电、用火的安全，尤其不要违规使用各种电器，不要在室内点燃明火。

不要过分打听别人的隐私

生活在集体的大家庭中，坦诚相待的确是友好相处的不二法宝，但这并不意味着一切都要完全透明化。每一个人都有完全属于自己的私生活，这个领域是不容他人侵犯的。

有的同学出于善意的关心，有的同学则是由于好奇心的驱使，喜欢打听别人的隐私，无论是哪一种情况，都是十分失礼的。并且，如果你无意中知道了别人的隐私（如：父母离异、是非亲生或非婚生子女、家境如何等），而"事主"并不想将之公诸于众的话，你就一定要管住自己的嘴巴，不要为了逞一时之快而伤害了他人，而且还会落个"大嘴巴"的"恶名"。果真如此的话，谁还敢和你做朋友呢？

克制自己的好奇心，不要成为"大嘴巴"。

校内公共场所的礼仪

在操场或礼堂举行活动时

集会是在学校经常举行的活动，一般在操场或礼堂举行，由于参加者人数众多，又是较为正规的场合，因此要格外注意集会中的礼仪。

▶ 举行升国旗仪式时

国旗是一个国家的象征，升降国旗是对青少年爱国主义教育的一种必要方式。无论中小学还是大学，都会定期举行升国旗仪式。

无论身处何地，当我们看到国旗升起时，都应该保持肃立，以表示对祖国母亲的热爱之情。

一起来做运动吧

升旗时，全体学生应整齐列队，面向国旗，肃立致敬。当升国旗、奏国歌时，要立正，脱帽，行注目礼，直至升旗完毕。

升国旗是一项庄严的活动，一定要保持安静，切忌自由活动、嘻嘻哈哈或东张西望。神态要庄严，当五星红旗冉冉升起时，所有在场的人都应抬头注视。

▶ 在校内运动会上

学校每年都会为在校学生举办一次或两次运动会，这既可以增强学生加强体育锻炼的意识，又是学生为集体争得荣誉、增强集体观念的机会。作为学生应该积极参加，并在活动中积极与大家合作，服从集体的安排，检验自己的体质、为集体争光。

▶ 在大型校会上

每当遇到开学或是重要的活动，校方都会组织学生在礼堂等地召开大型的校会。在这样的场合下，同学们应遵循以下规范：

整齐着装、不迟到、不中途退场、认真听讲、不交头接耳、不走神、不随意接话。

▢ 在图书馆里

在假期、周末或有空的时候,许多同学都喜欢到图书馆、阅览室去看书、学习。图书馆是公共学习场所,为了创造良好的学习环境,同学们都要自觉遵守馆规和社会公德。

当你在去图书馆时,一定要衣着整洁,遵守秩序。

进入图书馆时,不要拥挤,要依次排队,循序进入。进入阅览室后,不要为自己的同伴预占座位,也不要"霸占"暂时离开的读者的座位。

在图书馆里,走路脚步要轻,不要高声谈笑,尽量少说话;避免将座椅弄出声响;保持座位上的干净、整洁,不吃有果壳的食物。有些同学利用阅览室休息、打瞌睡,这样不仅占用了座位,而且会影响周围的同学阅读,应该避免。

尤其值得注意的是:爱护图书应该是每个同学必须具备的行为准则。图书馆的书籍是公共财产,绝不能为了个人方便而随意损毁。阅览时不要往书本上画线,不要折角,更不能撕页。看书之前最好洗一洗手,以保持书的整洁。看书时需要记住哪一段,可以抄录下来,也可经允许后复印,但绝不能撕下。

图书馆、阅览室,是我们"充电"最理想的场所。

阅读可以不断完善自己。

另外,在阅览室看书时,应一本一本地取下来看,不要同时占用几份书刊。阅读后要及时将书籍放回原处,以便他人阅读。

借阅图书要及时归还,以便于其他人借阅。有的同学借到了心爱的书籍后,不仅爱不释手,迟迟不还,甚至会将其据为己有,这是缺乏社会公德的表现。

礼仪故事　守秩序的列宁

十月革命后，苏联领袖列宁一直日理万机，简直是"全世界最忙碌的人"，但他仍坚持到理发馆去理发。

有一次，他到理发馆去理发，那里已经等候着许多人了，列宁便问谁是最后来的一位。人们都知道列宁的时间极其宝贵，于是争着请列宁先理发。列宁却回答："谢谢同志们。但这是要不得的，应该按班次和守秩序。我们自己制定的法律，应该在一切琐碎的生活里去遵守它。"说完就找了个椅子坐下来，边看报纸边等候。

毫无疑问，列宁的精神是值得我们学习的。为什么要提倡人人都遵守公共秩序呢？公共秩序代表着大家共同的利益、共同的意愿，遵守公共秩序，是对集体的尊重，也是对自己的尊重。公共秩序是人们在长期的社会生活中逐步形成和完善起来的，人人遵守，人人都方便。一个人的行为好坏，直接影响到他人和集体。如果你对别人、对社会不负责任，不遵守公共秩序，就会使许多人受到损害，造成不良影响，像俗语说的："一条鱼腥了一锅汤。"

☐ 在食堂用餐时

在食堂用餐时要遵守秩序，排队礼让，不乱拥挤。

吃饭过程中，不高声喧哗、不大声说笑、不说低级趣味影响食欲的话，以免影响他人用餐。

另外，要特别注意的是，要爱惜粮食，不随意倾倒饭菜。

☐ 如厕时

每到课间，都是厕所最"繁忙"的时候，此时，不起眼的如厕也有要注意的事情呢，比如：

遵守秩序，不要拥挤，不要插队；

注意不要将排泄物弄到便池以外；

将厕纸放到指定位置，不要随意丢进便池，以免堵塞，给后面的人带来不便；

动作要迅速，节约时间，给后面的同学提供方便。

列宁不讲特权依照制度行事的做法值得今天的人学习。

第 4 章

> 礼貌和教养对于装饰人类或其他一切优良品质和天姿，都是必不可少的。
>
> ——切斯特菲尔德

家庭、邻里间的礼仪

家庭礼仪

中国是一个崇尚礼仪的国度，这不仅表现在日常与其他人的交往上，而且体现于每一个家庭中。一个个家庭是纷繁复杂的社会的组成部分，因此，每一个家庭成员的行为是否文明、是否符合礼仪的要求，真实地体现着一个国家文明发展的程度。因而，个人的行为无疑是蕴含着更多的社会责任。那么，就让我们共同努力吧，以我们的实际行动，一起创造一个文明、和谐的社会大环境。

和谐的家庭是人性美善最直接的体现。

时刻送上你充满爱意的问候

家人永远是我们的挚爱，家庭永远是我们疲惫的身心休憩的港湾。家人间和谐愉快地相处，令我们的生活、学习、工作充满激扬的动力。

有些人也许觉得问候家人、和家里人打招呼感觉太过见外。其实，绝非如此。亲切的招呼、充满爱意的问候中，没有丝毫伪装与牵强，是人们之间最真挚的情感的流露，它何等珍贵，我相信不必在这里赘言。它带给人们的美好的心灵感受是其他情感所无法替代的。

把它表达出来吧，让爱意在家庭中洋溢，无论窗外风雨、严寒，我们都能感受到春天般的温暖。

▶ 早上要对家人问声好

每天清晨醒来，无论前一天是否有过争吵，也不管新的一天里还有多少烦恼等着自己去面对，迎着一天的第一缕阳光，对你深爱的家人说声："早上好。"看着他们的笑脸，那种充盈于胸膛的舒适与满足，足以让我们有信心去面对一天的劳累和"征战"。

▶ 出门或外出回到家时别忘了和家人打招呼

"妈，我回来了。""爸，我去上学了。""爷爷，我去 Leon 家玩，大概五点钟回来。"

不要嫌这样的招呼啰唆，这是你对家长起码的尊重，也会让家长因为了解了你的"去向"而心中踏实。家庭成员间相互的体谅与关怀总是在这些点点滴滴的琐事中体现出来的。

"早上好，妈妈。"

> 临睡前和家人道一声"晚安"

晚上临睡前，要记得对父母以及家中长辈道一声"晚安"，你的这一声温暖的问候，一定会让忙碌了一天的父母倍感安慰。

尊老、爱幼，善待每一个家人

长幼有序是家庭和谐的一个重要因素，虽然我们倡导父母与孩子之间要像朋友般相处，但孩子对父母及其他长辈的尊重仍是必不可少的。

"哥哥，你吃。"

> 尊重、孝敬家中的每一位长辈

家中的每一位长辈对于我们的健康成长都曾直接或间接地做出了很多努力，付出了很多心血，晚辈对他们尽一份尊重与孝敬，是最起码也是最为力所能及的回馈。

平时，随时地给予他（她）们亲切的问候、伸手可及地给予生活上的帮助；当他们劳累了一天回到家里，为他们端上一杯香茶；在外用餐时，为他们点上喜爱的菜品；当他们身体不适的时候，为他们端上一杯热水，将常备的药品放到他们手中；节日里、生日时、特别的纪念日里送上一份温馨的祝福、一件包含着自己爱意的礼物……其实，这些并不难做到，只要我们有一颗满怀感恩与关爱的心。

> 与兄弟姐妹和睦相处

由于我国实行计划生育的基本国策，在年轻一代中，兄弟姐妹的概念日渐淡薄，但亲戚间的走动大大弥补了这一不足。互敬、互爱、相互谦让，是彼此间和睦相处的不二法门。

不骄傲、不拔尖、不好勇斗狠、不虚荣攀比，相互关心、相互照顾……当这些行为规范、礼仪准则成为习惯，亲情一定会在点点滴滴的小事中得以更好地升华和延续，让我们的家庭关系更加和谐、融洽。

与邻里交往的礼仪

在大多数人的记忆里，都有一段儿时和邻居家小伙伴玩耍的美好片段。

邻居，理解起来并不难。邻者，邻近也；居者，居住也。古人说"远亲不如近邻"，可见邻里关系对于我们日常生活的影响古已有之，且影响颇深。搞好与邻居之间的关系，增进邻里之间的友谊，会给我们的生活带来更多的帮助与乐趣。

在高楼大厦尚未随处可见的时候，空间上相对"平面"的交流使邻里之间因为少有障碍而显得更加亲密。那时候，大多数人还都住在平房中，谁家做了些美味的吃食都免不了请邻居来尝尝，或是给邻居家送上一些；哪家缺了些日用品，首先想到的是去邻居家借用……那时不太发达的交通也让家长们较为放心小孩子们一起在街上玩耍。然而，随着高楼迅速地矗立起来，电话、电视、汽车成为人们生活中必不可少的工具，房门关起来了；老人们越来越多地待在家中看电视，老朋友间的交流少了；独生子女们越来越"娇贵"了，父母生怕自己的孩子"吃亏"，孩子更多的是在家中看电视、玩游戏……交流少了、人情淡了，人们开始为邻居间同住一栋、一层楼而互不相识甚至"老死不相往来"而慨叹。

但越来越多的人开始意识到这一点，于是街道、社区，以及很多住户开始自发地组织各种交流活动，以促进邻里间的交流与和谐共处。

那么，怎样才能正确地处理好邻里关系呢？与邻居和睦相处要注意哪些礼仪、礼节呢？

优美的生活环境，和谐的邻里关系，会令我们的生活更加惬意。

礼貌待人，亲切友好

在日常生活中，与邻居友好相处，首先要做到礼貌待人，这是我们为人处世的基本准则，邻里之间也同样如此。

邻里之间，没有社交中的上下级之分、尊卑之分，有的只是长辈与晚辈、住所不同、男女不同的分别。因此，当你遇到长者时，一定要记得主动上前打个招呼，"爷爷奶奶好""叔叔阿姨好"；遇到平辈的邻居也是如此，"哥哥姐姐好""嗨，琳墨，放学啦？"……甚至是简单的一句"嗨"，轻轻地一个点头微笑，都会使彼此感到亲切而温暖。

与人友善是我们为人处世的基本原则，也是要从小注意培养的一种美德。

作为哥哥姐姐，对待比自己年少的孩子应该主动关心和照顾，当他们主动和你打招呼时，应和蔼亲切地给予回应，要以身作则给他们留下一个美好的印象。

在欢乐的节日里，应主动向邻居表达自己诚挚而美好的祝愿，邻居给自己送礼物，自己也应该有所回应，礼尚往来是必不可少的。邻居有人生病需要你的帮助时，应尽自己所能提供协助护理。给别人提供力所能及的帮助，当你需要帮助时，别人也才会更愿意提供帮助。

有了相互的尊重、友善，邻里间也才会相处得更加和谐、愉快，我们的生活才会更美好。

学会体谅与包容，避免争端

有一颗体谅与包容的心，学会换位思考，遇事时多考虑一下别人的感受，相信所有争端都是可以避免的。

当因为你将电视或音响的音量调得过大而遭邻居投诉时，如果你能想一想，自己遇到这类问题时会怎样的烦躁，相信你就知道该怎么做了。生活中这类要注意的细节很多，比如：

看电视或听音乐时应把音量尽可能放小，尤其是在午间和夜里的休息时间，不要影响到邻居的休息。

不要在房间里高声谈笑，或用力蹦跳，以免发出巨大的响声打扰了邻居。

上下楼梯或在公共走廊行走时脚步要轻，不要打扰邻居。

礼仪故事　六尺巷的故事

清朝时，在安徽桐城有个权势显赫的家族，父子两代为相，这就是张家张英、张廷玉父子。张家桐城的老宅与吴家毗邻而居，两家府邸之间有块空地，供双方来往交通使用。两家都要起房造屋，后来邻居吴家建房，为争地皮发生纠纷，于是双方将官司打到县衙门。

在这期间，张家人给在京城当大官的张英写了一封信，要求张英干涉此事。张英收到信件后，给家里的回信中只写了四句话：

千里来书只为墙，让他三尺又何妨？

万里长城今犹在，不见当年秦始皇。

家人阅罢，明白了其中的意思，便主动让出三尺空地。

吴家见状，深受感动，也主动让出三尺房基地，这样就形成了一个六尺的巷子。两家礼让之举被传为美谈，在当时远近闻名。

雍正皇帝对张廷玉的评价

六尺巷的故事至今仍被人们广为传颂，图为张廷玉陵园中的塑像。

不要随意向门外扔垃圾，不要往窗外吐痰，尤其是那些住在高楼的人，更要注意这一点。高空抛物不仅会污染环境，而且会给楼下的人带来极大的安全隐患，甚至是严重的人身伤害。

不要私人占用公共区域，尤其不要在公共区域内堆放杂物，以免影响环境卫生，带来火灾等安全隐患。

在公共区域临时停放自行车或放置其他物品的时候，不要妨碍邻居行走。

不要在盲道或无障碍坡道上停放自行车、汽车或其他杂物，以免给残障人士带来不便。

带着宠物等在公共场所时，要严格遵守相关规定，给它们戴好锁链，妥善处理其排泄物，不要让它们接触孩童以免惊吓或咬伤孩子。

带宠物到公共场所时要遵守相关规定。

爱护并保持公共区域内的环境卫生，爱护公共区域内的无障碍设施，共同创造美好的生活环境。

上下楼梯、电梯的时候相互礼让，给行动不便的邻居提供力所能及的帮助。

不窥探邻居隐私，不传播、散布不实之词，以免损害他人利益。

邻里之间难免会发生龃龉，这时不要意气用事，为逞一时之快而将事态扩大甚至引发肢体冲突。这时应该以和为贵，耐心解释或悉心调解、真诚道歉，以求将矛盾化解。

当然，要注意的礼仪或礼节也许还有很多，但是当我们怀着善意去对待每一个人、每一件事时，相信所有矛盾、不快都会迎刃而解。和谐的邻里关系就在我们的身边。

爱护公共设施是良好修养的体现。

龙文小百科　人善被人欺吗？

邻里之间的矛盾往往是从一些小误会产生的，如果遇上一些不文明、小气量的人，矛盾还会不断激化。青少年朋友要懂得找出问题的症结所在，如果问题出在己方，自然要先认错道歉；如果问题出在对方，也应该心平气和地跟他们说清楚，共同解决问题，不能任由邻里关系闹僵而置之不理。邻里之间应该相互关心、相互帮助，不要以为这是"人善被人欺"，你可以把善良作为一种武器，一种力量。

第5章

特殊场合的礼仪

礼貌是人生习惯的第一件大事。
——美洲

男孩女孩聚会礼仪

无论我们参加何种类型的聚会，心态、心情都很重要。一定要以良好的心态、美好的心情参加聚会，这样才能让你在聚会上表现得更加自信、大方、热情、自然、有亲和力，进而令你与大家的交往更加和谐、愉快、深入。

有些人在有异性参加的聚会中会表现得十分拘谨，令其他人无所适从；有些人则表现得非常冷淡，给人一种孤傲、不可一世的感觉，让人觉得做作、虚伪而不愿与之接近；有些人则不分场合表现得太过热情，这不但会令人因此而感觉聒噪、紧张，还会让人以为是别有用心而不愿意结交。那么，应该怎么做才最符合礼仪呢？

女孩在聚会中应注意的礼仪

▶ 服饰要得体

不管参加怎样的聚会，服饰都很重要。通常，服饰整齐、整洁就可以了，但在有些聚会上，就要特别注意服饰的选择。例如，不要穿着吊带背心去听音乐会；不要在和朋友们一起去野营或是远足的时候，穿着短小的裙子、高跟鞋；不要在化装舞会上穿着太过普通的衣着；不要在圣诞节的聚会上穿着复活节的服饰……总而言之，服饰要合乎场合的需要。错误的着装，一来会令你与大家格格不入，二来也会令人感觉你对聚会缺乏热情。

在聚会上，着装不一定要华丽，得体才是最重要的。

▶ 言谈、举止要得体

神情和态度庄重而沉稳，是一个人有教养、有知识的表征之一，也是礼仪修养的基本要求。在聚会上切不可轻浮、随便。有的女孩不管在什么样的场合，都会滔滔不绝，手舞足蹈，一副眉飞色舞的样子，这是很不可取的。

最为重要的一点是：言行一定要有分寸。不要过于热情，也不要过于冷淡。即使是熟悉的人，或者关系亲密的人，在公共场合聚会时，也不要表现得过于亲昵，以免给别人造成被忽视的感觉。

在聚会中，对于男孩的照顾要应对自然，恰当地表示谢意就可以了，不要表现得不屑一顾（以免让人感觉你缺少礼貌或是为人冷淡）或是诚惶诚恐（以免让人感觉你过于拘谨、没有见识，甚至是过于谦卑而被人轻视）。

男孩在聚会中应注意的礼仪

着装要得体

和女孩参加聚会时相同,男孩在聚会中的着装也一定要得体,这既会令周围的人感觉到你对聚会的重视和参与的热情,更重要的是会令你看起来精神焕发、风度翩翩,一出现就成为聚会中备受欢迎的角色。

言行、举止要大方、得体

首先,男孩在聚会上要表现得自然、落落大方。和女孩子比起来,如果一个男孩子在聚会上过于羞涩、拘谨,更会令周围的人无所适从,不知该如何照顾他,并会令周围的人觉得他缺乏男子的气度而影响进一步交往。

其次,男孩在聚会上要言谈得体,谦虚、言之有物,这样才会让人觉得你是一个有学识教养、踏实、可信任的人。切不可为引人注目而夸夸其谈,或言语嚣张、"出口成脏",这只会令你看起来缺乏教养、作风轻浮。

还有很重要的一点是:热情有度。有时候,男孩为了显示自己对参加聚会的人,尤其是女孩表现得过分热情甚至过分殷勤,这也不可取,因为这样会令他们因受到过分的照顾而心生不安,不知该如何回应这份"款待"。

如果你是个腼腆的人,在聚会上实在不知如何与人打交道时,找一本自己爱看的书来阅读不失为一个理想的选择。

要懂得谦让、有风度

在聚会上很重要的一点就是要有风度,懂得谦让、照顾周围的人,特别是对女孩。例如,和朋友们结伴出游时,乘车礼让大家,尤其是女孩,这种情形在座位不足时,尤其会显现出你的风度;和朋友们结伴观看演出,出、入门时,不要拥挤,请女孩优先,也会令你自然地显现出绅士风度;在有体力劳动的时候,抢先做最困难的,并自觉自愿地帮助女孩;在有危急状况发生的时候,比如遭遇电梯故障、出行迷路、场面过分拥挤、意外伤害、歹徒袭扰等状况时,不慌张、不畏缩、不埋怨,更不脱逃,而是冷静地应对、处理……这都会令你更显男子气概。

学会适合时宜地开玩笑

在聚会时,开玩笑是很正常的事情,也是必不可少的事情。它不但可以活跃气氛、融洽关系、增进友谊,还可以使开玩笑的人看起来更具幽默感。

但是,凡事都有"度",玩笑也不例外。超越了一定限度,不但达不到预期目的,还会适得其反。开玩笑的"度"没有固定的衡量标准,它因人、因时、因环境、因玩笑的内容而定。

开玩笑时要看对象

由于人的脾气、秉性各不相同，有的人活泼开朗，有的人沉默寡言，还有的人生性腼腆，因此，同样的玩笑对有的人可以开，而对有的人就不能开。如果不注意这些分寸，很可能会因一句玩笑影响了人与人之间的感情。

玩笑的内容要健康

开玩笑同讲话一样，也要内容健康、合乎时宜。有时候，为了刻意显示自己的知识面广、风趣幽默，有的人会不顾场合地开些玩笑。比如，在比较正式的场

不要把善意的玩笑演变成恼人的恶作剧。

合肆意开他人玩笑，和长辈、前辈等开轻浮的玩笑……还有些人，特别是男性，总喜欢不分场合地开些低俗的玩笑，这不仅不会令人感到他幽默，反而会让人觉得此人低俗不堪、没有教养。

开他人玩笑要心怀善意

不仅是在聚会中，在一切交往中都切忌拿别人的生理缺陷、短处开玩笑。不要把自己的快乐建立在别人的痛苦之上，这既是对他人的体谅与尊重，也是自身有教养的一种表现。而且，开玩笑也要适度，如果发展成恶作剧，那么多半会以不欢而散收场，破坏了整个聚会的美好氛围。

在不同场合的聚会上应注意的事项

在家庭聚会上

（1）如果你是聚会的主人
首先要征得家人的同意，并做好详细的计划；
在时间安排上一定不要太晚，以免影响家人的休息；
照顾每一位客人，以免冷落有些朋友，尤其是那些性格比较内向的朋友；
提醒自己以及朋友们不要大声喧哗，以免打扰邻居。
（2）如果你是一个被邀请的客人
一定要有礼貌，如果主人的长辈在家，一定要主动上前打招呼；
未经主人的许可，不要擅自取用其家中的物品，更不要随意损坏；
一定要注意保持卫生；
不喧哗，以免打扰其家人或邻居。

在公共场合的聚会上

（1）不大声喧哗，以免影响他人；
（2）对待周围的人们谦逊、有礼，以使聚会更加融洽，不至于发生不愉快的事情；
（3）不让自己的不良嗜好（吸烟、饮酒等）影响他人。

听音乐会和上剧院的礼仪

在我们的日常生活中，有时会听音乐会或到剧院看演出，你知道这时需要注意哪些礼仪吗？

☐ 观看演出时的着装

总的来说，现在去这些场所，服饰要求已没有从前那么严格了，但我们还是主张穿得比较正规一些为好，以此来表达对表演者的尊重。

但是如果参加摇滚或爵士音乐会，那么任何服装都可以被接受。

相对而言，某些欧洲国家，如英国、奥地利、德国等，人们出席古典音乐会时，仍会穿比较正式的衣服。

华美的维也纳新年音乐会场景

俄罗斯国家芭蕾舞团的精彩演出

☐ 提前或准时到达

一般情况下，在看演出时，最好提前到达，一方面可以表示对表演者的尊重，另一方面，你也不会因为找座位而打扰已经入座的观众观看表演。

当你进入满座的一排来找你的座位时，如果有足够宽的空间，你的脸要朝着座位而不是舞台。当你走过别人的座位时，要为你挡住他们的视线而道歉。

严格地说，听音乐会时不应迟到。有的剧院会禁止迟到的人入场，迟到的人只能在场外就座，幕间休息时才允许入座。

☐ 在演出过程中

▶ 尽量不发出声响

无论是什么演出，演出开始后，观众就应该安静下来，绝对不能在演出场所内吸烟、吃零食、嚼口香糖等，最好不要发出声音。

在音乐厅，咳嗽也是不允许的，在公共场合大声地咳嗽也是一种粗俗的行为。如果你的喉咙不好，试试采用吞口水，或者随时备一杯水来缓解咳嗽；若痰多，应吐在纸巾上，放在你事先准备的袋子里，等离开音乐厅之后再处理，不要随便扔在地上。

如果要打哈欠，用手挡在嘴上；如果想打喷嚏，一定要用手帕、纸巾等遮挡，以避免飞沫四溅，对周围人的健康造成伤害。

不要让你手中拿的节目单、门票、食品包装纸等发出声音。

当然，如果是流行音乐会，则要求相对要宽松得多。但无论如何，一边欣赏音乐，一边大快朵颐，或是肆无忌惮地打喷嚏、咳嗽、吐痰、乱扔废弃物，都是极不礼貌的行为。

即使在这样情绪激昂的演出中，也要保持一颗公德心，不致给他人的观看带来不便。

▶ **看完节目再聊天**

在听交响乐、歌剧或其他正式的演出时，不要与旁人说话，即便轻声也不行。对一个真正喜欢音乐的人来说，当他正在仔细聆听台上的演奏时，是不希望被任何噪声干扰的。尽管你可能是压低了嗓音在说话，但这一点点的声音，照样会影响到旁边的人。因此，有话也要等看完节目再说。

▶ **让手机休息**

入场时一定要关掉手机，或者将其调成静音或振动状态，以免影响他人。

▶ **不要提前退场**

无论出于何种原因，提前退场都是非常不礼貌的行为。如果你实在是不得不中途离开的话，也最好等到剧目间隔或幕间休息时再离开，以免影响他人的正常观看，或使演员分神。

如果你预先知道要提早离开，那么，你最好选择坐在最靠边的位子上或是最后一排，以免你的离开影响他人。

龙文小百科　学会鼓掌

亲爱的朋友，你知道在去听音乐会时，尤其是古典音乐会时，应该如何鼓掌吗？鼓掌也是有礼仪规范的，若你不懂得其中的道理，会造成自己很尴尬。

我们在听音乐会时，乐章之间的间隔是不能鼓掌的。

所谓乐章，通常是指音乐作品的章节、区隔等，很像是文章的章节。一首乐曲依大小或是音乐形式，有单乐章、多乐章之分。交响曲通常是四个乐章以上，协奏曲、奏鸣曲常是三个乐章以上，交响诗则是一个乐章。组曲则不是以乐章来分，而是一首首的小曲子组合而成一个完整的组曲。

乐章的题目一般说明其速度（如快板、慢板等）、风格（如"热情的快板"等）或形式（如"小步舞曲"等）。乐章是乐曲中有意义的完全中止，但整首乐曲经常仍同时演奏着并未中止，所以乐章和乐章之间，在演奏会上是不鼓掌的。

参观展览会的礼仪

在日常生活中，青少年朋友经常会接触到各种类型的展览。例如，书法展览、绘画展览、动物标本展览、科技发明展览等。经常去展览馆参观，有助于我们开阔眼界，增长知识。展览馆也和图书馆一样，是公共场所，当步入其中时，要注意以下的公德和礼仪要求。

保持安静

展览馆是需要人仔细观察和思考才能了解、欣赏展出作品的场所，因此在参观过程中，一定要时刻想着"安静"两个字。

认真听讲解

展览会一般都设有讲解员，当讲解员讲解时，应耐心听取，不要随意插话。如果对某一问题感兴趣或想进一步了解情况，可在讲解间歇向讲解员有礼貌地提出来。即使讲解员的答复不能使你满意，也应向讲解员表示感谢，不要流露出不满的神情，或是一声不吭地走开，甚至指责抱怨。

看展览也需要遵守展厅的基本要求

注意"请勿动手"

展览会中，一般都规定不能触摸展品，有的还不准拍照。凡看到"请勿动手""请勿拍照""谢绝入内"等字样时，便应自觉遵守。

有些人总是以在不准拍照的地方偷拍"得手"、在禁止触摸的地方偷摸到展品未被"手擒"、在禁止入内的地方偷偷闯入"成功"而扬扬自得，殊不知在旁人看来，那无疑是不遵守秩序、没有修养的表现。

不要乱丢废弃物

展览会中，主办者有时会散发一些宣传品。领取宣传品时应按秩序排队，不要拥挤、哄抢。如宣传品对你无用处，那也不可在场内随意乱扔，应将其带到场外再行处理。当然，如果不需要就最好不要领取。

禁止触摸　禁止拍照
No Touching　No Photographing

参加婚礼的礼仪

我们经常会参加一些婚礼，为新人送去美好的祝愿，但你知道在参加别人的婚礼时，要注意哪些礼仪吗？

拥有一个浪漫、美好的婚礼是每一对新人的愿望。

注意自己的穿着

参加婚礼时穿戴整齐是对主人基本的尊重。

男孩的服装可以简单一些：西装、衬衫和领带足以把你打扮得够帅气。

女孩的着装就比较复杂了。如果只是参加婚宴，那么套装、连衣裙就可以了。如果你去参加一个很正式的婚礼，那么最好穿一身小巧、别致的套装。但是，无论你的穿着多么与众不同，都不可以袒胸露背，这样既会招来别人的目光，显出你对婚礼的轻视，也会令自己显得太过轻浮。

正式的婚礼通常都很隆重，要注意的礼节也相对较多，对观礼者服饰的要求便是其中的一项，尤其当婚礼是在一个传统的寺庙或者大教堂举行的时候。如果婚礼之后有舞会，或者主人在喜帖上注明，也要穿着较隆重的衣裙。

如果你是婚礼上的花童

如今中国的婚礼通常是中西合璧的，在一些比较隆重的西式婚礼上，通常会选择一对漂亮的小孩作为花童。如果你有幸被选为花童，那么，你一定要听从婚礼组织者的安排。

婚礼上可爱的花童无疑是天使的象征

虽然你的出现只是婚礼的一小部分，但你的表现对于婚礼的整体效果还是至关重要的。一对美丽可爱、彬彬有礼的花童，无疑会令整个婚礼变得更加温馨而充满童话色彩。因此，你也就更要服从婚礼组织者的安排，不能任性而为。

参加婚宴的注意事项

在我国，婚宴是婚礼过后必不可少的项目，由于这一宴席的特定含义，因此要比平日赴宴多了些要注意的事项。

▶ 注意你的吃相

由于婚宴上通常宾客众多，你的吃相也就要格外注意了，否则别人对你的负面印象会广泛传播。如果是西式婚宴，你可能还要提前做些"功课"，以免席间"露怯"。

▶ 注意与其他宾客的交往

婚宴上众多的宾客中，也许有很多是你所不熟悉或是根本不认识的，在这样隆重的场合就要更加注意礼节，一个彬彬有礼的人在任何场合都是会受到尊重的。

▶ 注意不要乱开玩笑

无论是婚礼还是婚宴，都是喜庆、隆重，需要郑重严肃的场合，因此，平时和朋友们之间开的一些过于随便的玩笑或是某些"黑色"幽默，包括一些有碍喜庆气氛的话语就要克制些，以免让你的一句"笑谈"使"喜气"有所损减。

龙文小百科　西方婚礼习俗

婚戒
《圣经》上说，在远古时代，男子向女子求婚时的证物就是指环。9世纪时，教皇尼古拉一世颁布法令，规定男方赠送婚戒给女方是正式求婚所不可缺少的步骤。

新娘礼服的颜色
通常，白色代表纯洁童贞，美国和英国常用的黄色是爱神和富足的象征。

头饰、面纱和花束
新娘在婚礼当天佩戴头饰的习俗由来已久，古时的女子在适婚年龄都会头戴花环，以区别于已婚妇女，象征着童贞。起初新娘戴面纱是作为年轻和童贞的象征，信奉天主教的新娘戴面纱代表纯洁。因此，许多新娘在赴教堂举行婚礼的时候都选择戴双层面纱，新娘的父亲将女儿交给新郎后，由新郎亲手揭开面纱。
鲜花代表激情和奖赏，传达出繁荣富饶和出类拔萃的信息，有幸接到新娘花束的人将有好运气，预示着将是下一个喜结良缘的人。

新娘站在新郎的左边
这个习俗起源于抢婚盛行的年代，由于担心新娘的家人会在婚礼上将新娘抢回去，新郎必须空出右手来准备随时应战。

互吻
根据习俗，婚礼是以新人的亲吻而宣告结束的。这一吻有着深刻的含义：通过接吻，一个人的气息和部分灵魂就留在了另一个人的体内，爱使他们合二为一。

参加葬礼的礼仪

作为生命发展的规律，死亡是人类注定躲不开的"追击"。当我们去参加葬礼时一定要注意关于这方面的礼仪问题。

大家都知道，葬礼本身是在凝重和沉痛氛围中进行的，这就要求人们的言行要格外谨慎，如果在细节上稍不注意，就很有可能给亡者家属的身心造成极大的伤害，所以应格外谨慎。

☐ 服装要得体

参加葬礼或吊唁活动时，男女均应穿黑、蓝等深色服装。男士可内穿白色或暗色衬衣，女士不应涂抹口红，不应戴鲜艳的围巾，尽量避免佩戴饰物，如需要可考虑戴白珍珠或素色饰品，避免佩戴黄金饰品。

☐ 要控制情绪

关怀及安慰对于亡者的亲属很必要，一些过当的举动例如号啕大哭等应避免。这些过于激动的情绪一来会给亡者的家属"添乱"，因为他们可能还要照顾你，使你平静下来；二来也会令人觉得你是个缺乏素养的人，因为你还不太能够控制自己的情绪。

☐ 言语、举止要得当

作为慰问语一般可以说："这真令人伤心，请节哀顺变。""事情太突然了，请不要过分伤心，保重身体。"忌讳使用"死""惨"等令人不快和伤怀的词汇。

当然，如果你是个晚辈，那你最好的方式就是沉默，听从长辈的指挥就可以了。

葬礼上最常见的花之——白菊花

葬礼会场是肃穆的，吊唁者言辞应收敛，高谈阔论、嬉笑打闹都是对亡者及家属的不敬。说话压低声音，举止轻缓稳重，才能传达出你的诚意。

☐ 要尊重当地丧俗

不同的国家、地区、民族会有不同的丧俗，当我们参加葬礼的时候，一定要尊重当地的丧俗，以免自己的一些言谈举止有所不妥而令亡者的亲属不悦，也显得你缺乏对亡者的尊重或是缺乏教养。

第6章

礼貌是博爱的花朵。
——儒贝尔

送花的礼仪

把握送花的时机

☐ 迎接宾客

贵宾来访或者亲友返乡探亲、学成归国,一下飞机立即献上花环、饰花或花束,表示热烈欢迎,必能给宾客惊喜,留下难忘的印象。

迎接贵宾的鲜花以红色系与紫色系最受欢迎。

☐ 为即将远行的朋友送行

朋友相送,离情别绪总不免让人伤感。这时,如果送上一束美丽的鲜花,不仅能够显现出你对于友人的美好祝福与期待,还能让这离情别绪多几分浪漫的气息,让我们每每想起这一时刻,内心都充满着温暖与被关怀的激动。

送行宜送芍药、玫瑰等,它们不仅花型美丽、花色鲜艳,而且含有难舍难分之意。

百合的寓意是"百年好合"。

新娘手中、头上的白玫瑰,象征着幸福与纯洁。

☐ 参加婚礼

婚礼是隆重而喜庆的场合,送的花常要更热烈,且寓意吉祥,一般宜用玫瑰、百合、郁金香、香雪兰、非洲菊等。

☐ 祝寿

祝寿是一种庆贺老人生日的活动。在中国,民间50岁以下为"做生日",50岁以上为"做寿"。民间做寿形式大同小异,通常都会贴寿字、结寿彩、燃寿烛、宴请宾客。宴席上必不可少的是面条,称为"寿面",取其福寿绵长之意。贺品多为寿桃、寿幛、寿联、长寿花或万年青，长寿花象征着"健康长寿"，万年青象征着"永葆青春"。

☐ 探望病人

去医院看望病人不能送整盆的花，盆花一来难以打理，二来有些迷信的人也会产生久病成根的联想而心生不快。不能送香味浓的花，此类花易引起咳嗽或花粉过敏等症状；不能送太浓艳的花，此类花会刺激病人神经，激发烦躁情绪；不能送山茶花，因为易落蕾，被认为不吉利。

探望病人所选花应含有关怀、慰问、祝其早日康复之意，故而宜选花色、香味淡雅的鲜花。

象征着健康长寿的长寿花

☐ 探望产妇

儿女降生是人生一大喜事，向婴儿双亲赠花、贺礼具有祝贺平安、幸运、喜悦的含义，花材的种类除了依照花语的含义外，也可按照生日花、十二星座、十二生肖幸运花相赠。

花店是个充满爱与温馨的场所，请你尽情地挑选吧。

☐ 乔迁

迁新房是人一生中值得庆贺的事情，因此常用盆栽植物作为贺礼。中国人在新居落成时最喜用红色讨吉利，因此花材颜色大多以红色系为主，黄色系可作为陪衬，具有祝贺主人"飞黄腾达、金玉满堂"之意。

☐ 祝贺节日

在父亲节、母亲节、重阳节、教师节等节日，让我们同样记得送一束花给他们吧，以表达我们深深的爱意与敬意。

各国送花习俗与礼节

送花习俗因不同国度、不同民族而异。由于各国的国土资源、地理环境不同，种植花草树木的爱好自然也不同，因而人们对于花草树木的感情也有差异，这就形成了各国不同的花语和馈赠爱好。

一般来说，欧美等地的许多国家在社交礼仪中都离不开鲜花，人们在访亲探友、婚丧嫁娶、生日祝贺、迎送宾客、吉庆纪念、探视病人等社交活动中，都离不开鲜花。人们把赠花作为一种交流思想感情的媒介，作为风雅传情的礼物。

西欧人尤其喜送郁金香、玫瑰、香石竹、月季、唐菖蒲、百合、非洲菊、紫罗兰等。因为这些花都有"真挚深情的爱"的含义。许多国家的青年男女尤其钟爱玫瑰花和郁金香，因为这两种花都象征着"挚爱真情"。每年的2月14日，不少国家都会过情人节。据说这个习俗最早起源于古罗马帝国。传说在古罗马时期，埃及女王克娄巴特拉迎接她的情人安东尼时，整个宫殿几乎埋没在玫瑰花海中。

在西欧，母亲送花给子女时一般用冬青、樱草、金钱花、凌霄花等组成花束，以表示对子女的养育之爱。送别朋友常选用杉枝（代表分别）、香罗勒（寓意祝愿）和胭脂花（含义为勿忘）组成花束相赠。探望病人时多以红罂粟（表示安慰）和野百合（象征康复）组成花束相送，以祝愿病人早日康复。朋友外出时常以鸟不宿、红丁香、菟丝子组成花束相赠，以寓祝君努力，必能成功的含义。

意大利是个花卉生产国，其花卉产量在欧洲仅次于荷兰。人民非常喜爱鲜花，除对玫瑰、百合、月季、紫罗兰、唐菖蒲、郁金香、非洲菊、雏菊、马蹄莲、鹤望兰、小苍兰等花喜爱外，尤偏爱香石竹。香石竹的鲜花生产占世界第一位。与法国一样，意大利人民同样认为菊花是不吉祥的花，是专门用来祭奠死者的哀悼花。但是西欧也有一些国家很喜欢菊花，如德国、荷兰等对菊花都很珍爱。

瑞士人认为鲜花代表和平与友谊。各种社交场合都离不开鲜花，尤其是素有"世界公园"美称的日内瓦，更是一片花海。日内瓦人对金合欢花怀有一种特殊情感。但在瑞士，红玫瑰花是不能随便送的，因为人们认为红玫瑰花带有极度的浪漫色彩，不适用于一般场合。

孩子如花般的美丽

美丽的菊花可不能随便送哦

西班牙人也和其他欧洲人一样爱花,尤其喜欢郁金香。他们认为郁金香和玫瑰花都是喜庆和美好的象征。西班牙有个全国法定的"书节",在每年4月23日举行。据说这是为了纪念该国大文豪塞万提斯于1714年逝世而定的纪念日。每到这一天,青年们喜欢买上一朵玫瑰花夹在书里送给心爱的人。同样,在西班牙也不能随便送菊花和大丽花,因为人们认为这两种花不吉祥。

比利时人最忌讳蓝色,遇到不祥之事,都用蓝色花作为标志。

在英国和德国,鲜花都是很重要的礼仪礼品。据报道,英国皇室成员访问的地方,到处都要摆满礼仪鲜花。遇有重大活动揭幕、演讲、演员演出、婚庆喜宴、结婚纪念日、祝贺生日、洗礼命名日以及各种常规节日等,在英、德两国,鲜花绝对是少不了的。但德国人忌讳给朋友的妻子送玫瑰花,尤其是红玫瑰,因为它代表浪漫的爱情。

在英国的花语中,仙客来意味着羞怯、缺乏自信,水仙代表着尊敬之情,大丽花表示不稳定和变化无常,鸢尾花寓含强烈的情感,金合欢代表友谊,常春藤代表忠贞和节操,茉莉代表温柔和亲切,红色香石竹代表炽热爱情,黄色香石竹则意味着轻视和蔑视。

浪漫的红玫瑰也不是可以随便送的。

俄罗斯人对菊花、月季、马蹄莲、石竹、水仙等花都很喜爱,其中特别偏爱月季和郁金香,月季被誉为"花中皇后",而郁金香更是传情求爱、联络友情的常用鲜花,尤其是红色郁金香,同红玫瑰和红石竹一样都表示希望和良好的祝愿心情。

送鸢尾花被认为是带去好消息的征兆。紫菀花可用来送给长辈,以表示健康长寿的祝愿;仙客来则象征忠诚、真挚的情谊。

俄罗斯人认为黄色蔷薇花意味着绝交和不吉利,送花时应注意避免。此外,送花的数目也要注意,因为在俄罗斯只有吊丧时才送双数花,朋友之间送花都送单数。

在加拿大做客时应注意:不要赠送白色的百合花,因为那里的人们只有在开追悼会时才用白色百合花。

带给人好运的鸢尾花

送花的节日

☐ 春节（中国传统节日：农历正月初一）

春节是中国民间最隆重的传统节日，此时大地回春、万物复苏，如果在这个季节去朋友家做客，你不妨带上一束迎春花、富贵菊、仙客来、荷包花、紫罗兰、花毛茛、报岁兰等，或是带上一盆生机盎然的水仙花、金橘等，以表达你在新年里对对方的美好问候与祝福。

淡雅、馨香、生机盎然的水仙寄托着人们对美好未来的向往。

☐ 母亲节（西方节日：阳历五月第二个星期天）

每年5月的第二个星期天是母亲节。母亲节最常用的花是康乃馨，它象征慈祥、真挚、母爱，因此有"母亲之花""神圣之花"的美誉。

"妈妈，节日快乐！"

石斛兰，浓烈的父爱

在这一天，红色和桃红色代表热爱母亲、祝愿母亲健康，白色康乃馨是追悼已故的母亲，因此必须注意挑选花色，千万别送错。除了康乃馨之外，还有一种花——萱草（金针花），它的花语是"隐藏的爱、忘忧、疗愁"，能非常贴切地比喻伟大的母爱，包含了"妈妈，您真伟大"的赞美，因此把它作为赠花也很相宜。

☐ 父亲节（西方节日：阳历六月第三个星期天）

石斛兰具有刚毅之美，花语是"父爱、喜悦、能力、欢迎"，是"父亲之花"，父亲节这一天，它便成为大家的最爱。

☐ 中秋节（中国传统节日：农历八月十五）

中秋节花礼大多以兰花为主，各种观叶植物为次。兰花可用花篮、古瓷或特殊的容器组合盆栽，花期长，姿色高贵典雅，颇受欢迎。

☐ 清明节（中国传统节日：阳历4月4、5或6日）

清明节是中国的传统节日，人们多在此日祭扫亡者陵墓、祭奠亡魂，菊花是最恰当的选择。

☐ 教师节（世界各国均有该节日，时间不一，在我国为9月10日）

为了感谢师恩，乘此佳节表达感念师恩之意，赠花是最好的选择。教师节可选送象征灵魂高尚、桃李满天下、才华横溢的花材，如木兰花、桂花、悬铃木等。

☐ 情人节（西方节日：阳历2月14日）

红玫瑰无疑是最好的选择，它象征着深切美好的爱意。

☐ 圣诞节（西方节日：阳历12月25日）

人们在圣诞节常选用一品红表示驱除妖魔，选用太阳花表示欣欣向荣、一派光明。

龙文小百科　礼仪花卉的作用

礼仪花卉的起源同礼仪一样，是由习俗形成的。寄情鲜花传递感情的习俗源远流长，并随着社会文明程度的加深而越来越成为社会交际中的一个重要工具。花卉在礼仪交往中主要有以下几种应用形式：

花束：包括普通花束和新娘捧花。主要使用各类包装纸、丝带等配材，对组合好的鲜花进行各种不同风格的包装，单手可握，双手可捧。可用于迎送客人、访友、结婚庆典等场合上的献花和馈赠礼品。

花插：使用针盘、花瓶等容器将花材固定在花泥等固定物上，形成不同的风格。可用于办公室、餐厅、接待处、饭店前台、会议室等场所。

花篮：使用各式花篮，在篮内放入花泥，将鲜花插于花泥上，创作出不同风格的插花形式。可用于馈赠礼品、舞台摆放、厅堂装饰、庆典开幕以及追悼会等场合。可分为礼品花篮、庆典花篮、装饰花篮、悼念花篮等几个类型。

装饰花：包括胸花、头花、腕花、肩花等。一般在出席各类大型集会、重要会议、晚会、开幕式、结婚典礼等场合时佩戴于胸前、头上、腕上。这类花只需较少的花材和配叶，制作出典雅大方的花型，起到装饰的效果。

礼品盆花：对盆栽的观花、观叶、观果等花卉，进行礼品包装，使之成为馈赠物品，在拜访亲戚、朋友时作为礼品。

礼仪故事　花的传说

洁白的玉簪花

玉簪花

相传王母娘娘对女儿的管教非常严格，但她的小女儿自幼喜欢自由，而且性格刚烈，向往人间无拘无束的生活。一次，她想乘赴瑶池为母后祝寿之机，下凡到人间走一遭。不想王母娘娘早已看透她的心事，为使她不能脱离自己的看管，王母娘娘便将头上的白玉簪子拔下，对它说："你代我到人间去吧。"

一年后，在玉簪落下的地方长出了如玉簪一般洁白、剔透的花，散发出淡雅的香味。人们喜欢它花形的脱俗，称它为"江南第一花"。宋代诗人黄庭坚有诗道："宴罢瑶池阿母家，嫩琼飞上紫云车。玉簪落地无人拾，化作江南第一花。"

郁金香

提到郁金香便一定想到郁金香王国——荷兰，然而最早种植郁金香的却是土耳其人。荷兰能够成为今日的郁金香帝国，应当感谢16世纪的维也纳皇家药草园总监。由于宗教原因，这位药草园总监迁居荷兰，同时也将郁金香这种美丽的植物带入了荷兰，进而传遍了整个欧洲。

大理花

大理花原产于墨西哥，18世纪由欧洲传入亚洲。相传大理花曾是拿破仑的皇后约瑟芬的最爱。约瑟芬的故乡临近墨西哥，也是大理花的发源地；不过，大理花未进入法国之前，在当地并未引起人们的注意。

当约瑟芬见到御花园里的大理花时，不禁一见钟情地喜欢上这带有故乡味儿的花卉，于是亲手栽种了许多珍贵品种。每当花期一到，她便邀请高官显要、名媛淑女们来赏花，得意地夸耀自己心爱的花卉。

很多来宾对这美丽的花感兴趣，想求得一花半枝，而这位傲慢的皇后却很不客气地宣称，大理花只属于她一个人，不许任何人带走一花半枝。有位伯爵夫人因而恼羞成怒，发誓一定要得到它。

这时伯爵夫人的贴身侍女正与一位波兰贵族热恋，她想利用这位贵族设法得到大理花的球根。波兰贵族看在心上人的份上，买通约瑟芬的园丁，偷走了一百多个球根。后来，事情暴露了，盛怒下的约瑟芬不但解雇了园丁，连那好胜的伯爵夫人和波兰贵族也遭到了灭门之祸，而她自己再也提不起兴趣来照顾那些大理花了。

大理花的寓意和时代的动态有关，因为法国大革命之后才改良出许多珍贵品种，所以有"不安定""移情"之说，不过现在大多引申为"华丽""优雅""威严"之意。

向日葵

在古希腊神话中，水泽仙女克丽泰爱上了太阳神阿波罗，但阿波罗却看也不看她一眼。伤心欲绝的克丽泰只能每天站在水边仰望天空，凝望着阿波罗驾着他的马车从空中飞奔而过。后来，众神可怜她，把她变成了一朵向日葵，因为向日葵的头永远朝着太阳的方向，至死方休。因此，向日葵的花语便是——沉默的爱。

第7章

馈赠的礼仪

礼貌经常可以代替最高贵的感情。
——梅里美

馈赠的原则

馈赠是与其他一系列礼仪活动一同产生和发展起来的。人们相互馈赠礼物，是人类社会生活中不可缺少的交往内容。

中国人一向崇尚礼尚往来，早在《礼记·曲礼上》中便有"礼尚往来，往而不来，非礼也，来而不往，亦非礼也"之语。

在现代人际交往中，礼物仍然是人们往来的有效媒介之一，它像桥梁和纽带一样，无言但却直接、明显地传递着各种情感信息，表达着人与人之间的真诚关爱，久远地记载着人间的温暖。

赠人以礼物同样要注意一些礼仪上的问题，我们就稍加归纳整理如下：

送人礼物要真诚

无论你是以何种方式赠予他人礼物，都要牢记一点：态度要真诚。赠人礼物应该是一种真诚情感的表达，千万不要让任何杂念玷污了这种真诚的情感。

如果当面送给他人礼物，应该双手拿着礼物递给对方（无论这份礼物的体积多么小），同时说出你要表达的情感。例如：祝你生日快乐；你要转学了，这是我送你的礼物，希望我们无论相隔多远永远都是好朋友……

如果是请别人代为转送或是邮寄礼物给朋友，那千万不要忘了在礼物盒中附上一张卡片，把要表达的心意写在上面。

买礼物要"量力而行"

作为正处于学习阶段的学生来说，还没有经济来源，所以在购买礼物时，一定要切合自己的实际情况，不要盲目攀比。一份恰当的礼物，即使是一张小小的卡片、你随手采摘的一束野花，也会令你的朋友感受到你的情意。

"受人财不以为富"

"受人财不以为富"是指在馈赠活动中，受馈者不能以此作为致富的手段，这是双方应遵行的最起码的价值观。当然，这更多的是对成人，尤其是对那些掌握权柄者的告诫，但我们的价值观一定是从小、从小事养成的，因此一定要引以为戒。

赠人以礼，重要的是赠者的心意，而不是礼物的轻重。

礼仪故事 "千里送鹅毛"

亲爱的朋友，你们大概都知道"千里送鹅毛，礼轻情意重"这句话吧，但你们知道这个成语的渊源吗？

这个故事发生在唐朝。当时，云南一少数民族的首领为表示对唐王朝的拥戴，派特使缅伯高向太宗进献天鹅。

路过沔阳河时，好心的缅伯高把天鹅从笼子里放出来，想给它洗个澡。不料，天鹅展翅飞向高空。缅伯高急忙伸手去捉，但还是让天鹅飞走了，他只扯得几根鹅毛。缅伯高急得顿足捶胸，号啕大哭。随从们劝他说："已经飞走了，哭也没有用，还是想想补救的办法吧。"缅伯高一想，也只能如此了。

到了长安，缅伯高拜见唐太宗，并献上礼物。唐太宗见是一个精致的绸缎小包，便令人打开，一看是几根鹅毛和一首小诗。诗曰："天鹅贡唐朝，山高路途遥。沔阳河失宝，倒地哭号啕。上复圣天子，可饶缅伯高。礼轻情意重，千里送鹅毛。"唐太宗莫名其妙，缅伯高随即讲出事情原委。唐太宗连声说："难能可贵！难能可贵！千里送鹅毛，礼轻情意重！"

这个故事体现了送礼之人诚信的可贵美德。在今天，人们使用"千里送鹅毛"比喻送出的礼物虽然看上去单薄，但情意却异常浓厚。

龙文小百科 有礼走遍天下

"礼"是我们的身边事。

比如：早起问一声"早安"、见面说一句"你好"、告别道一句"再见"，诸如此类，这就是"礼貌"。

宴请宾客，请者愿请，来者愿来，互有往来，这叫"礼尚往来"；真心相待，这是"礼心"；下个请帖，叫做"礼书""礼帖"；赠送物品，叫做"礼物""礼品"；参加结婚仪式就叫"婚礼"，送的物品称为"礼彩"，如果送的是钱就叫"礼金"；赠送的过程叫做"送礼""礼赠"；载明赠品的帖子叫"礼单"；举办仪式，称为"礼仪"；赴正式宴会，要穿"礼服"；以崇敬的心情称赞别人，是为"礼赞"；向长辈问候，叫"礼问"；向长辈请教、敬酒，是"礼敬"。

生活的每一时刻、每一个角落，"礼"都无所不在。更不用说政府、国家，"礼"更是必须认真对待、丝毫不得怠慢的事。时时刻刻都有各种"礼制"，接待有不同的"礼数"，还要使用适合的"礼器"，讲究相应的"礼仪"；对于贵宾，要鸣放"礼炮"。

作为交往的规则，"礼"融化到了人生的所有时空。因为"礼"，人们可以调整关系，消除摩擦；因为"礼"，人们得以有效合作、和平共处。在处理相互关系而遭遇阻力时，我们应该不再执迷于"有理走遍天下、无理寸步难行"，毕竟"理"在对立面看来属于一面之词，仅仅有"理"是解决不了问题的。细细思量，处理相互关系在于掌握真"礼"，"礼"让我们找到利益的结合点和共同的价值观，因此"有礼走遍天下、无礼寸步难行"，真是一点不错。

如何选择礼品

在传统节日、喜庆的日子（如亲朋好友生日、结婚、升学，与朋友久别重逢，长辈的结婚纪念日……）和一些特别的日子（如饯行等），或是当自己接受了别人的帮助而要表达谢意时，都可以用馈赠礼物的方式表达自己美好的心意。

下面我们就来总结一下选择礼品的方式，供大家参考。

☐ 了解对方的喜好

当我们要选择礼物赠送给对方的时候，一定要考虑周全，不能只顾自己的喜好而忽略了对方的感受，应当保证自己的精心之选带给对方更多的欣喜，使受礼者能够真切地感受到我们的一番美好心意。

可以通过平时观察或打听了解受礼者的兴趣爱好，然后有针对性地精心挑选合适的礼品。

收到礼物我们很开心。

☐ 考虑具体情况

送给对方礼物时，一定不要忽略了具体的情况或场合。送给好友的生日礼物与送给长辈的生日礼物一定会有不同，送给男生的礼物也会与送给女生的礼物有所不同，送给老师与送给同学、朋友的礼物自然也会有所分别……因此，在选择礼物时一定要因人而异、因时而异、因事而异。

☐ 选择合适的礼物

赠送礼物最重要的是得宜，礼物不一定要贵重，能够确切地表达心意才是最为重要的。如果能够亲手为对方制作一份礼物，相信对方在收到礼物的那一刻，所感受到的一定不只是问候、祝愿或是谢意，一定还能感受到你精心制作礼物时的那一份深厚情意。千纸鹤、幸运星之所以受到人们的欢迎，正在于此啊。

亲手制作一张贺卡送给长辈，更能表达你浓浓的情意。

选择馈赠礼品需注意的问题

▶ **考虑与受礼者的关系,决定礼品的轻重**

一般不轻易送贵重的礼物,不然会使对方产生不安的想法,或引起"重礼之下,必有所求"的猜测。应本着"交浅礼薄,谊深礼重"的一般礼俗。

这样的标准通常是对成人而言的,对于广大青少年朋友来说,不必顾虑于此。并且,青少年朋友之间不宜赠送贵重的礼物,毕竟这个年龄段的朋友们还没有经济来源,只要是能表达我们情意的礼物,哪怕它再简陋,也一样值得珍惜。

▶ **选择礼品时要认真、心存真诚**

一件倾注了时间与精力、精心选择的礼物,一定也会带给对方别样温暖的感受。不能把自己不喜欢、平日闲在家中或是知道有瑕疵的物品转送给他人,这是极不礼貌的一种行为。

另外,过于昂贵和过于廉价的物品、印有广告的物品、药品、补品、容易让异性产生误会的物品也不宜作为礼品赠送。

▶ **不要当面问对方喜欢什么**

在你送礼物给对方之前,不宜直接去问对方喜欢什么礼物。一方面,可能会导致你的礼物不能给对方带来惊喜;另一方面,也会令对方有向人索要礼物的不悦,或是不好意思说出自己真实的想法而敷衍几句,比如,"哎呀,准备什么礼物啊,什么都不用"。或是"送我张贺卡就行了"。其实,也许对方真的很希望你送他一件你精心准备的礼物呢。

▶ **要考虑受礼者的民俗禁忌**

礼品表达了人们最真诚的问候和最美好的祝愿,但若赠送不当,不仅达不到加深友谊的目的,反而会因此出现龃龉,令对方心生不悦。

只要礼物能表达自己的心意,就能让对方感到很快乐。

▶ **必要时留下购买礼物时的相关票据**

如果你送了对方小台灯、计算器、电子笔等需要售后服务的礼物，那你最好将发票、保修卡等相关票据一并交给对方，以便对方在日后的使用中维修与退换货品之用。

不要送相同的礼物

有时候对于同一个人（比如家人、好友……）我们会经常送礼物给他，这时你就要费些脑筋了，不要每次都送同样的礼物。想想看，如果你喜欢棒球帽，而你的妈妈每次都会送一顶棒球帽给你，那你收到礼物的那一刻会多失落啊。

别致的包装既显示了你对对方的尊重，又显示出了你不俗的品位。

如果你觉得自己太"健忘"，无法记住每次送给别人的礼物的话，那么最好的方式是准备一个小记事本记录一下。当然，如果你有记日记的好习惯，那么一切就都很简单啦……

▶ **精致的包装**

精致的包装本身就意味着对受礼者的尊重，因此，送礼时你还要给你精心挑选的礼物"穿"上一件精致的"外衣"哦。

家庭馈赠礼仪

在生活中，家庭成员经常会有各种值得庆贺的事情，比如家庭成员生日，或在工作、学习、竞赛中取得了成绩，还有亲戚结婚、生子，大家通过祝贺来表达自己的心意，以联络、加深彼此之间的感情。

为了表达情意，相互赠送一些礼物总是必不可少的。

怎样给长辈送礼物

亲手为母亲做一张贺卡，一定让妈妈备感欣慰。

在一些节假日（比如父亲节、母亲节、老人节）或是特殊的纪念日（比如父母亲的生日、结婚纪念日，甚至你自己的生日）时，相信你一定不会忘记向父母长辈表达你对他们养育之恩的感激之情。在这样的日子里，如果你能够赠送一份恰当礼物给他们，一定会让他们备感温暖与欣慰。

送礼要适合长辈的意愿爱好，要讲究实用性，若能带永久纪念意义的更好。关键在于让长辈满意，而不在于价格是否昂贵。比如一盆花、一套茶具、一块布料、一件日用品、一些土特产或可口的食品……只要包含了你真诚的心意，都能表达子女对长辈的敬意。

冲一杯香浓的咖啡给劳累了一天的父母亲，对于父母而言，无疑是一份珍贵的礼物。

兄弟姐妹之间的赠礼

在日常生活中，你与兄弟姐妹之间的交流要多过和父母之间的交流，多交流相互了解也就会加深。

如果你们之间互相赠送礼品，一般应以实用为主，要适合对方的需要。自己亲手制作的自然同样是首选，也可以直接询问对方，或邀请对方一同购买。

受礼礼仪

☐ 接受礼物时

当你在接受礼物时,不管礼物是否合自己的心意,都应该表现出对礼物的重视,并应当着对方的面打开,表达出你真诚的谢意。

如果你并不喜欢对方送给你的礼物,又不愿违心地说喜欢的话,那你尽可以避开评论礼物,只表达你的谢意就可以了。在这种情形下,如果直接说"这份礼物我一点都不喜欢"是十分失礼的,这不仅会令对方尴尬、不快,也会令你自己显得不解他人好意、挑剔、缺乏教养。

☐ 回赠

中国自古以来就是一个讲究礼尚往来的国家,当你接受了他人的馈赠时,应予以回赠。有来有往的馈赠活动,有利于拉近双方的距离、加深双方的情感或友谊。

☐ 拒绝馈赠的艺术

拒绝别人的馈赠是一件令人感到为难的事情,处理不好就会引起对方的误会,甚至会伤害了友情。所以,学会拒绝是十分必要的。

▶ 要说出真实情况

有的人在拒绝他人好意的时候,因为不好意思而不敢实话实说,采用闪烁其词的方式,这样反而会让对方产生很多不必要的误会。

其实,拒绝本是件再正常不过的事情。当你觉得礼物过于贵重或是对方错误地表情达意、误解了你的意思的时候,你不妨直言相告,如果语言吞吞吐吐、态度模棱两可,反而更容易影响你们之间的友情。

▶选择好拒绝的时间、地点和机会

当你决定拒绝别人礼物的时候,下列内容是你必须考虑的因素:

及早拒绝,以免耽误了对方的计划、伤害对方。

要据实向对方表明你的态度,好让对方有所准备。

坚决拒绝,避免迂回曲折。

在婉言拒绝的时候,一定要让对方觉察到你的态度。不要绕了半天弯,对方仍然不知道你的真实用意。

从场合来看,在小的场合更容易拒绝对方,也更容易被对方接受。千万不要在众目睽睽之下拒绝对方。在这种场合,即使你的理由再充分、再正确,也会令对方因感觉下不来台而恼怒。从心理学的角度说,和对方正对着脸的时候拒绝最不容易让人接受。

▶换位思考,不致使对方过于尴尬

谁都不愿遭到拒绝,这时候换位思考是十分必要的,你要站在对方的角度,选择一种令人容易接受的态度、方式拒绝对方。

尤其是当你拒绝那些喜欢坚持己见、自以为是的人时,更要好好考虑,因为他们通常自尊心很强,直接拒绝的方式无疑会使他们感到难堪。所以,首先应把对方的话听完,待真正了解了对方的意图后,再决定该如何用婉转的语言去拒绝和说服对方。

"爸爸,这个礼物非常漂亮可我更想要一只小兔子。下次可以送我一只小白兔吗?"

国外的馈赠礼仪

由于各国文化的差异，社会、宗教的影响和忌讳，送礼成了一种复杂的礼仪。如果运用得当，送礼能巩固和拉近彼此之间的关系；运用不当则会有碍于彼此之间的联系，从而导致关系破裂。选择适当的礼物、赠送礼物的时机并注意收礼人的反应，都是送礼时要注意的问题。

在相互赠送礼物时，各国、各地区间，或多或少地存在着一些差异。

在一些亚洲国家

在亚洲国家，人们都认为来而不往是有失尊严的，这涉及自身形象。因此，一般人都倾向于先送礼物给他人。而且，收到礼物后，在回礼时经常在礼物的内在价值、外在包装上下功夫，以表现自己的慷慨和对他人的恭敬。

▶日本人的礼尚往来

日本是一个讲究礼仪的民族，在日本，无论是到亲戚、朋友、同事家做客，还是参加各种聚会、喜庆活动，都会准备一些礼物给对方。根据场合以及对象的不同，礼物可以是亲手制作的糕点、寿司，或是精美的日用品，甚至是高档贵重的礼品。

值得注意的是，日本人对装饰着狐狸和獾的图案的东西甚为反感。狐狸是贪婪的象征，獾则代表狡诈。

菊花是日本人青睐有加的一种花开。

日本还是一个崇尚形式的民族，大多数日本人认为礼品的包装同礼品本身一样重要，因此，当你精心准备好礼物之后，一定不要忘记：把礼物精心地包装好。

▶韩国人的礼尚往来

韩国的商人对初次来访的客人常常会送当地出产的手工艺品，而且，他们通常要等客人先拿出礼物来，然后才回赠他们本国的礼品。

在日本，给礼物一个精致的包装是十分必要的。

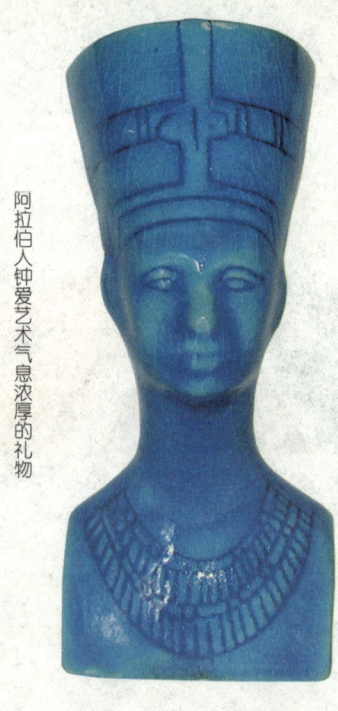

阿拉伯人钟爱艺术气息浓厚的礼物

▶阿拉伯人的礼尚往来

阿拉伯人喜欢知识性和艺术性的礼品，不喜欢纯实用性的东西；忌讳烈性酒和带有动物图案的礼品（因为这些动物可能代表着不吉祥）；切勿把用旧的物品赠送他人。另外，在阿拉伯国家，成人间在初次见面时送礼可能会被视为行贿。

宾客如果盯住阿拉伯主人的某件物品看个不停是很失礼的举动，因为这会让他们认为你一定很喜欢它，并一定会要你收下这件东西。

阿拉伯商人赠送给他人的一般都是贵重礼物，同时希望收到同样贵重的回礼。因为阿拉伯人认为不让他们表示自己的慷慨大方是不恭的，而且来而不往是有失尊严的，一旦如此就会危害到双方的关系。

送礼物给阿拉伯人的妻子被认为是对其隐私的侵犯，然而送给孩子则总是受欢迎的。

在一些欧美国家

一盒精美的巧克力是欧美人最常相赠的礼物。

在欧洲国家，一般只有在朋友之间才互赠礼物。赠送礼物通常是此次交往行将结束时才进行，同时，表达的方式要恰如其分。一盒精美的巧克力、一瓶优质的葡萄酒在欧洲都是很好的礼物。

登门拜访前则应送去鲜花（花要提前一天送去，以便主人把花布置好）。而且要送单数的花，同时附上一张手写的名片，用商业名片会被视为草率的行为。

通常，欧美人相互赠送礼物是在本次交往结束的时候，而一些亚洲国家的人们，通常是在见面时先互赠礼物，然后才进行后续的交往。

▶英国人的礼尚往来

英国人通常是含蓄的，他们极少会在日常生活中以贵重的礼物相赠，在成人之间，向对方赠送贵重的礼物很可能会被对方误认为是有大事相求甚至是贿赂。因此，与英国人交往，赠送礼物不必花费太多，能够表达你的心意就可以了。

英国人也像其他大多数欧洲人一样喜欢高级巧克力、名酒和鲜花。对于饰有客人所属公司标记的礼品，他们大多数并不欣赏，除非主人对这种礼品事前有周密的考虑。

▷ **法国人的礼尚往来**

在初次结识时，法国人通常是不会相互赠送礼物的，在相互认识之后，他们才会相互赠送礼物以表达问候等。法国人赠送礼品比较注重表达出对对方智慧的赞美，不会显得太过于亲密。法国人讲究浪漫，喜欢知识性、艺术性的礼物，如精美的卡片、艺术相册或小工艺品等都是相宜的礼品。

应邀到法国人家里用餐时，客人通常会选择带上几枝不加捆扎的鲜花，以表达对主人的问候与谢意。但菊花是不能随便赠送的，在法国，只有在葬礼上才用菊花。

一捧别致的鲜花，是永远正确的礼物。

▷ **德国人的礼尚往来**

德国人在人际交往中对礼节非常重视。与德国人握手时，要特别注意两点：一是握手时务必要坦然地注视对方；二是握手的时间宜稍长一些，晃动的次数宜稍多一些，握手时所用的力量宜稍大一些。

此外，重视称呼是德国人在人际交往中的一个鲜明特点。对德国人称呼不当，通常会令对方大为不快。一般情况下，切勿直呼德国人的名字，可称其全称或仅称其姓。与德国人交谈时，切勿疏忽对"您"与"你"这两种人称代词的使用，称"您"表示尊重，称"你"则表示地位平等、关系密切。

德国人喜欢应邀郊游，但主人在出发前必须要做好细致周密的安排。

▷ **美国人的礼尚往来**

美国人很讲究实用，因此，一瓶上好的葡萄酒或烈性酒、一件高雅的名牌礼物，都是最合适不过的。与一些欧洲国家一样，美国人赠送礼物通常也是在本次交往结束时。

在一些拉丁美洲国家

黑和紫是拉美国家的人最忌讳的颜色，这两种颜色使人联想到四旬斋。刀剑应排除在礼品之外，因为它们暗示着友情的完结。手帕也不能作为礼品送给拉美国家的人，因为它与眼泪是联系在一起的。

一件别致的小礼物是人们日常交往中必不可少的。

第8章

> 礼貌是儿童与青年所应该特别小心养成习惯的第一件大事。
> ——约翰·洛克

餐桌上的礼仪

餐前、餐中、餐后的礼仪

餐前礼仪

如果是亲朋好友相约在外就餐,应准时到达,迟到不仅是对其他人的不尊重,也令自己显得缺乏教养。

若是在自己或亲友家中就餐,那你最好在餐前给"厨师"帮帮忙,哪怕是帮忙摆摆碗筷、端端菜也好,既显示出了你的热诚,也会令彼此更亲近。

不要带着你的宠物出外就餐。餐厅是公共场所,宠物的进入无疑会令其他食客感到不悦或不便。因此,在准备外出就餐时,先将宠物安排好。

在外就餐或到亲友家中做客时,穿着要得体,并要随时检查自己的仪容仪表以及个人卫生。

无论是在家中还是在外就餐,如果还有长辈和女士没有入座时,自己不要急于就座。

入座后,在宴会开始之前,可以适当地参加一些餐桌上的讨论,但此时要切记,万不可高谈阔论,用一场口沫横飞的"暴风雨"席卷和你同席的其他客人。

当你入座后,在还没有开始就餐之前,不能乱动桌上的餐具,这样会给其他人留下不懂礼貌和不讲卫生的印象。

当你需要搬动椅子时,要注意轻拿轻放。

当有陌生人同席,他向你做自我介绍,或是朋友向你介绍其他同席的陌生人时,要主动起立并与之打招呼,以示友好。

千万别带你的宠物外出就餐。

到亲友家做客时,餐前给"厨师"帮帮忙,既锻炼了生活技能,又增进了与亲朋间的情感交流。

餐桌上的礼仪

▷ 点菜的礼仪

如果你是聚餐会上的主人，客人入席后，要先请客人点菜。

点菜既要突出本地、本店的特色，又要照顾到主宾的口味、喜好。这一切在让菜时都可以表达出来，如主人说："这个菜，您一定喜欢，请多用一点！"客人心领神会，会格外高兴。

如果是男士、女士一起就餐，男士应该让女士先点菜。

如果你是被邀请的客人，点菜时不要只顾自己的喜好，除非是非常相熟的亲友或是特定的场合，否则还要注意不要点过于昂贵的菜品，以免给主人带来经济压力，也使你显得过于铺张。

▷ 营造餐桌上的愉悦气氛

餐会开始后，要积极响应朋友们的话题，恰当地感谢主人的热情招待，使餐桌上很快形成一种其乐融融的气氛，这更有助于朋友们之间的交流与沟通。

龙文小百科
在重大场合中，餐桌该怎样摆放？

在一些重要场合，餐桌的摆放要合乎一定的礼仪要求，当然，其具体摆放还要看宴会厅的场地条件而定，但总体来讲，各类宴会餐桌摆放与座位安排都要整齐统一，椅背达到纵横成行，台布折纹要向着同一个方向，所有细节都应给人以美的感受。

桌次

在宴会上，桌次是一个不可忽视的问题。按习惯，桌次的高低以离主桌位置的远近而定，一般右高左低。桌数较多时，要摆桌次牌。宴会可用圆桌、方桌或长桌。一桌以上的宴会，桌子之间的距离要适中，各个座位之间的距离要相等。团体宴请中，宴桌排列一般以最前面的或居中的桌子为主桌。

座位

按现代的礼仪规定，吃饭的座次是面朝大门为尊，以在主人身边的右侧为尊，并以靠近主人远近来决定尊卑。如果不正对大门，则面东的一侧右席为首席。具体来讲，坐在正对大门的为主人，右手边依次为1、3、5、7……左手边依次为2、4、6……直至汇合。

如果是家宴，则坐在首席的应是辈分最高的长者，坐在末席的是辈分最低的小辈。

良好的就餐气氛不仅有利于身体健康，更有利于家人间的和睦相处。

▶ 优雅的举止

坐在自己的餐位上时，坐姿要端正，不要两腿不断摇摆，更不要跷起二郎腿、伸懒腰等。

另外，在餐厅用餐时，你对服务员的态度也很重要，同样要做到有礼有节。有的人习惯于对服务员呼来喝去，态度非常粗鲁，这也是不尊重他人、缺乏教养的一种举动。当服务员服务不周或出现错误时，你尽可以礼貌甚至严厉地指出来，但出言不逊是绝对应该避免的。时刻保持优雅的举止是有着良好的修养的基本表现。

▶ 良好的用餐习惯

平日里，我们就要养成良好的用餐习惯，这不仅有助于我们的身体健康，而且有助于我们通过这一过程与他人更进一步地交流与沟通。

在我国古代，有"食不言"的训诫，但在社交功能日益复杂化的今天，这一训诫有时就变得不合时宜了。当我们参加一些聚餐时，在进餐过程中，通常不要缄默无语、行为过于拘谨，但也不能喋喋不休、高声喧哗、毫无顾忌，而应适当地选择一些彼此感兴趣的话题与同坐的人聊天。如果是在家中用餐，作为青少年朋友，也可以趁着这个时候和父母谈谈在校的生活，增进与父母间的沟通。

用餐过程中，不要将餐具弄出声响，更不要在咀嚼食物时嘴巴发出大的声响，这都是十分失礼的。而且，口含食物时，最好不要与别人交谈，以免口中食物喷出来，或者呛入气管，造成危险。

夹菜的时候，不要旁若无人地用筷子在盘中翻来倒去，这样有失雅观并会令你显得缺乏教养。

当你发现自己喜欢吃的菜离你较远时，不要伸长了胳膊去夹菜，正确的办法是沿顺时针方向旋转餐桌，从盘子最靠近你的一侧夹菜；如果餐桌是不能旋转的，那要等服务员来布菜，或是请靠近那道菜品的人帮忙夹菜。

不要碰到邻座，不要把盘里的菜拨到桌子上，不要把汤泼翻，不要将菜汤滴到桌子上。当感觉嘴角沾有饭菜时，要用餐纸或餐巾轻轻抹去，不要用舌头去舔。当你吃带刺或骨的菜肴时，不要直接外吐，可用餐巾捂嘴轻轻吐在里面。

无论是家宴、喜宴还是自助餐等，在任何情况下都要注意不要浪费。取菜时，分量要适中，即使是你最喜欢的食物也不要过量。

龙文小百科 转动餐桌时的注意事项

在就餐过程中，如果你想转动圆桌取用离你较远的菜品时，一定要先观察一下，是否有人正在夹菜，如果有的话，一定要等他夹完之后再去转动桌子。千万不可只顾自己的需求而忽略了他人，那样，不仅会令他人尴尬，也会令你在餐桌上风度尽失。

在用餐过程中，如确有事需离开，应向一同用餐的家人、朋友打招呼，讲明原因后再行离开。

在进餐过程中，不要当众解开纽扣脱衣服，如果确有需要，那么可以将外衣脱下来搭在椅背上，但是一定不要将外衣或随身携带的物品放在餐台上。

同时，还要请你克服一些不良的小动作，例如，边听别人讲话边剔牙、吃得过饱时松解皮带扣、在座位下偷偷脱掉鞋子……这些不雅的小动作会直接影响到你在别人眼中的"光辉形象"。

▶ **吃面条的礼仪**

吃面条时最方便的方式是用筷子，但动作一定要轻，防止面条带着汤乱溅。吃细长的面条时，假如你要坚持"正统"的吃法，就要用筷子卷绕面条，但不宜太多，约卷四五条便可。卷绕时要慢，让所有的面条结实地卷绕在筷子上后将它送入嘴巴。

第一次尝试这种吃面方式时，可能会有很多面条从筷子上滑下，卷绕时也可能会掉落不少面条。有时即使是个中高手也难免会有失误，而必须费劲将滑溜而出的面条吸入口中，因而发出嘶嘶的响声。不过，任何事情都一样，熟能生巧。

优美的就餐环境，完美的就餐礼仪，会使就餐者身心愉悦。

用叉子也能吃面条，你会吗？

餐后礼仪

▶ 在饭店

用餐完毕,要轻轻放下碗筷,用餐纸或餐巾将口唇部擦拭干净,离开座位时动作要轻,并要及时与主人打招呼,表示谢意。

有的人在餐后习惯剔牙,这个动作甚不雅观,应尽量避免。如果牙缝中塞进了食物碎屑,实在有剔牙的必要,那就要注意动作不要太明显。当然,去卫生间将这个问题处理好是最好的方式,以免自己的动作令周围的朋友不悦。

▶ 在亲朋好友家做客

就餐完毕后,不要马上就离座,待主人离座时再离开。如有需要最好帮助主人收拾一下餐桌和厨房,以减少自己的到访给对方带来的麻烦。

如非特殊情况,餐后马上离开是十分失礼的。通常应在餐后将先前未完的话题做个结尾,然后再适时地离开,但这个"结尾"要把握分寸,时间不宜过长,以免打扰主人正常的学习、工作或是休息。

▶ 家庭就餐

在自己家里吃饭时,同样不应饭后推开饭碗就离桌而去,也应该向家人尤其是长辈打个招呼再离座。并应该帮助家人做些力所能及的事情,比如洗碗、收拾厨房、清理餐桌等。

现在,很多青少年朋友们的课业负担比较重,对此,家长们也都给予了最大限度的理解和支持,所以通常会说:你太累了,抓紧时间学习(休息)去吧,家务事用不着你。这自是对孩子无微不至的关爱,可是,同时也令一些孩子的劳动观念变得淡薄、不懂得疼惜父母、关爱家人,少了一颗感恩的心。

青少年朋友们,作为子女,你是否想过你的父母在工作忙碌了一天后,回家还要照顾你的起居、饮食有多么辛苦吗?你又是否想过,他们要承担多少工作、生活、经济、心理上的压力。如果你已经想到了这些,那么,相信你该知道如何去对待他们;如果你从未想到过这些,那么,请你也仔细观察一下父母每天的生活,相信你一定能做出正确的判断。

牙签能给大家提供便利,可也会令人有失雅态哦。

饭后要尽量做些洗碗等力所能及的事情。

也许你能够做的只是洗洗碗、打扫清洁这些微不足道的小事情,但你对父母关爱、感恩的心意却会从中彰显无余。正是这些点滴小事,显示出了你的日益成长与成熟,会令你的父母备感欣慰。

结账的礼仪

当服务人员送来账单,你查对无误准备付账时,要把钱放在结账的夹子里,再用账单将钱盖住。这样做的用意,主要在于不使客人看到你所付的金额,以免引起对方的尴尬。

我们常常看到一种景象,当餐桌主人掏出钱来付账时,客人喜欢问:"多少钱呀?"仿佛很想确定主人究竟付了多少钱,自己才安心。

其实这种好奇心是十分不礼貌的,主人请客钱花得多与少,代表了他个人的心意,客人如果对此好奇,反而令主人有不知所措之感。

总而言之,我们在餐厅用完餐后,服务人员送来账单如表示"哪一位结账?"即意味着除主人之外,不愿让其他人过目账单。因此,客人一般应不看账单,不问付账的金额,这是餐桌上最基本的礼貌。

礼仪故事 菜单的故事

菜单,顾名思义,就是一份详细的、带价目表的菜肴清单。但起初菜单并不是为了向客人说明菜肴的内容及价格而制作的,而是厨师为了备忘而写的单子,英文为menu。

精美别致的菜单,在餐前就给人以愉悦的感受。

现在,法国菜已被认为是西餐中具有代表性的菜肴了。但在16世纪初期,即使是法国宫廷菜肴也是很粗劣的。据说,在1533年的时候,意大利姑娘卡德乌诺嫁给法国国王昂里二世,作为陪嫁,她从佛罗伦萨带来了厨师,从此法国宫廷菜肴才逐步得到改善。法国厨师为了记住这些意大利菜肴的烹制方法及材料,将它们一一记录下来,这就是菜单的雏形。而这些记录真正作为菜单出现,已是16世纪末期的事情了。

1594年,布伦斯维克侯爵在私人宅第举行晚宴时,每送上一道菜,侯爵都要看看桌上的单子,当客人们知道他看的是今天的菜单时,十分欣赏这种创举。之后,大家都争相效仿,凡在举行宴会时,都要预先制作菜单,到这时,菜单便真正出现了。

西餐礼仪

随着我国经济水平的不断提高以及国际交往的日益频繁，西餐不再是我们生活中的奢侈品，与家人、好友一道享受一顿美味的西餐已经是越来越平常的事情，但由于中西文化的差异，在较正式的西餐餐饮中，有些礼仪还是要注意的。下面我们就将一些基本的西餐礼仪整理如下，以供大家参考。

入餐礼仪

进入西餐厅后，请让侍应生带领入座。一方面，这是侍应生对你起码的尊重、应尽到的基本职责；另一方面，也许有些座位已经被提前预订了，不便让客人随意就座。

最得体的入座方式是从左侧入座。当椅子被拉开后，身体在几乎要碰到桌子的距离时站直，领位者会把椅子推进来，腿弯碰到后面的椅子时，就可以坐下来。

就座后，手肘不要放在桌面上，不可跷腿。尽量不要在进餐过程中中途退席，如有事确需离开，应向左右的客人小声打招呼。

让侍应生领你入座吧，准备享受一顿美味的西餐。

餐巾布的使用

▶ 餐巾布的使用法

西餐餐巾一般用布，餐巾布方正平整，色彩素雅。经常放在膝上，在隆重的场合也可以放在胸前，平时的轻松场合还可以放在桌上，其中一个餐巾角正对胸前，并用碗碟压住。餐巾布可以用来擦嘴或擦手，对角线叠成三角形状，或平行叠成长方形状，污渍应全部擦在里面，外表看上去一直是整洁的。

离开席位时，即使是暂时离开，也应该取下餐巾布随意叠成方块或三角形放在盘侧或桌角，最好放在自己的座位上。

在用餐过程中，千万要注意不要有如下失礼之举：

离席时将餐巾布丢落在地上；

将餐巾布用得污迹斑斑或者是皱皱巴巴；

将吃剩的食物放到餐巾布上；

用餐巾布擦桌子。

优雅的姿态令用餐更加愉快。

刀、叉、汤匙的摆置是根据上菜先后顺序从外到内摆放。

有的菜用过后，会撤掉一部分刀叉。刀叉放的方向和位置都是很有讲究的。

进餐时餐具的使用

刀、叉放在垫盘上呈八字形，刀口朝内，叉尖向下就表示你还要继续用餐。

右手拿刀，用刀来切割食物，不要用刀挑起食物往嘴里送。如果用餐时，有三种不同规格的刀同时出现，一般正确的用法是：带小锯齿的那一把用来切肉制食品；中等大小的用来将大片的蔬菜切成小片；而那种小巧的，刀尖是圆头的、顶部有些上翘的小刀，则是用来切开小面包，然后用它挑些果酱、奶油涂在面包上面的。

以刀、叉用餐是西餐明显不同于中餐的特征之一。

左手拿叉，叉起食物送入口中。

动作要轻，叉起适量的食物一次性放入口中，不要一下子叉起一大块，咬一口再放下，这样很不雅观。叉子捡起食物入嘴时，牙齿只碰到食物，不要咬叉，也不要让刀叉在齿上或盘中发出声响。

进餐完毕时餐具的使用

刀、叉平行摆放在垫盘上刀口向外，叉尖向上则表示你不要再用餐了。

汤勺横放在汤盘内，匙心向上，也表示用汤餐具可以撤走。

在正式场合下，勺有多种，小的是用于咖啡和甜点心的；扁平的用于涂黄油和分食蛋糕；比较大的，用来喝汤或盛碎小食物；最大的是公用于分食汤的，常见于自助餐，切莫搞错。

西餐上菜的顺序与点菜

▶ **头盘**

西餐的第一道菜是头盘,也称为开胃品。开胃品一般有冷头盘或热头盘之分,常见的品种有鱼子酱、鹅肝酱、熏鲑鱼、鸡尾杯、奶油鸡酥盒、焗蜗牛等。因为是要开胃,所以开胃品一般都具有特色风味,味道以咸和酸为主,而且数量较少,质量较高。

▶ **汤**

与中餐有极大不同的是,西餐的第二道菜就是汤。西餐的汤大致可分为清汤、奶油汤、蔬菜汤和冷汤等4类。品种有牛尾清汤、各式奶油汤、海鲜汤、美式蛤蜊汤、意式蔬菜汤、俄式罗宋汤、法式葱头汤。冷汤的品种较少,有德式冷汤、俄式冷汤等。

▶ **副菜**

鱼类菜肴一般作为西餐的第三道菜,也称为副菜。品种包括各种淡(海)水鱼类、贝类及软体动物类。通常水产类菜肴与蛋类、面包类、酥盒菜肴品均称为副菜。因为鱼类等菜肴的肉质鲜嫩,比较容易消化,所以放在肉类菜肴的前面,叫法上也和以肉类菜肴为主的主菜有区别。西餐吃鱼类菜肴通常会使用专用的调味汁,如鞑靼汁、荷兰汁、酒店汁、白奶油汁、大主教汁、美国汁和水手鱼汁等。

西餐中的汤品通常味道浓郁,而且是在餐中食用,而不是餐后。

▶ **主菜**

肉、禽类菜肴是西餐的第四道菜,也称为主菜。肉类菜肴的原料取自牛、羊、猪、小牛崽等各个部位的肉,其中最有代表性的是牛肉或牛排。牛排按其部位又可分为沙朗牛排(也称西冷牛排)、腓力牛排、T骨牛排、薄牛排等。其烹调方法常用烤、煎、铁扒等。肉类菜肴配用的调味汁主要有西班牙汁、浓烧汁精、蘑菇汁、白尼斯汁等。

一份精巧美味的头盘令人胃口大开。

禽类菜肴的原料取自鸡、鸭、鹅，通常将兔肉和鹿肉等野味也归入禽类菜肴。禽类菜肴品种最多的是鸡，有山鸡、火鸡、竹鸡，可煮、可炸、可烤、可焖，主要的调味汁有黄肉汁、咖喱汁、奶油汁等。

▶ 蔬菜类菜肴

蔬菜类菜肴可以安排在肉类菜肴之后，也可以与肉类菜肴同时上桌，所以可以算为一道菜，或称之为一种配菜。

蔬菜类菜肴在西餐中称为沙拉，与主菜同时上桌的沙拉称为生蔬菜沙拉，一般用生菜、西红柿、黄瓜、莴笋等制作。沙拉的主要调味汁有醋油汁、法国汁、千岛汁、奶酪沙拉汁等。

沙拉除了蔬菜类之外，还有一类是用鱼、肉、蛋类制作的，这类沙拉一般不加味汁，在进餐顺序上可以作为头盘食用。

还有一些蔬菜是熟食的，如花椰菜、煮菠菜、炸土豆条等。熟食的蔬菜通常是与主菜的肉食类菜肴一同摆放在餐盘中上桌，称之为配菜。

▶ 甜品

西餐的甜品是在主菜后食用的，可以算作是第六道菜。从真正意义上讲，它包括所有主菜后的食物，如布丁、煎饼、冰激凌、奶酪、水果，等等。

▶ 咖啡、茶

在吃西餐时最后上饮品，通常是咖啡或茶。在西餐中，咖啡一般要加糖和淡奶油，茶一般要加香桃片和糖。当然，饮食也会入乡随俗，在西餐厅中，这些"配料"通常是提供给食客，供其自己选用的。

享受西餐时的注意事项

▶ 注意个人仪态

其实，不仅是在西餐厅中，在任何场合下都应注重自己的仪容仪表，在愉悦他人视觉的同时，更重要的是自身良好修养的一种外在表现。要衣着整洁，坐姿端正。尤其要注意的是，双手一定要保持干净，指甲修剪整齐，不可在餐桌边化妆，

西餐中的主菜通常是各种美味的肉、禽类菜肴。

营养丰富的蔬菜沙拉

在西餐中，无论是咖啡还是茶，通常都是味道香浓。

不要用餐巾擦鼻涕，切忌在妙语连珠的时候不自觉地挥舞刀叉。

▶吃面包与喝汤时

吃面包时要一手拿面包，一手撕下一小块放入口中，不要拿着整个面包咬。

喝汤时汤匙要横拿，舀汤的方式多采用英式，由内往外舀（由外往内舀是法式），不要把汤匙很重地一掏到底。舀起后，汤匙的底部先在汤碗的边缘轻擦一下，再送至嘴里。

▶吃主菜时

在西餐中，主菜通常是各种肉类，而且其烹饪的熟度也会有所分别，以牛排为例，有三分熟、五分熟、八分熟、全熟等，因此你在点餐时就要依照自己的口味和饮食习惯，向侍者交代清楚，以免主菜上来了你却无法消受。

在食用大块肉制品时，要注意：不要一下子将整块肉都切成小块，一来这样会令肉较快地冷却下来，影响后续的食用；另外，也会让其中美味的汤汁流失而影响口感。切肉时，最好从左向右一块块切食，不仅顺手，而且动作完美，可将美味享受到最后一口。

点缀的蔬菜不仅是为了美观，也是为了营养搭配更加全面。

在食用鱼类食物时，由于鱼肉极嫩易碎，因此餐厅常不备餐刀而备专用的汤匙。这种汤匙比一般喝汤用的稍大而且较平，不但可切分菜肴，还能将菜和调味汁一起舀起来吃。若要吃其他混合的青菜类食物，还是使用叉子为宜。

处理鱼骨头时，首先用刀在鱼鳃附近刺一条直线，刀尖不要刺透，刺入一半即可。将鱼的上半身挑开后，从头开始，将刀放在骨头下方，往鱼尾方向划开，把骨剔掉并挪到盘子的一角，最后再把鱼尾切掉。

另外值得注意的是，如果没有特别的禁忌，最好将主菜中点缀的青菜一并吃掉，这样做不仅是为了减少浪费，也是为了使营养更加均衡。

▶ 吃沙拉等有调料酱的食物时

如果要将一整碟蔬菜或水果沙拉一下子拌匀是有难度的，这时，你可以将调料酱先放在餐盘的一侧，边吃边蘸，待用完后再加入新的调料酱。

▶ 喝咖啡或吃水果时

如愿意添加牛奶或糖，添加后要用小勺搅拌均匀。饮用时，要将小勺放在咖啡的垫碟上，不要将勺子放在咖啡杯中一并端起。而且，不要用小勺一勺一勺地舀着喝，直接饮用即可。

吃水果时，不要拿着水果整个去咬，应先用水果刀切成四五瓣，再用刀去掉皮、核，然后用叉子叉着吃。当然，现在的餐厅中通常提供的都是去好皮、核，切开食用就可以了。

▶ 西餐中常见的柠檬该如何使用

在西餐中，我们常会在各种菜式中见到柠檬，你知道它们该如何使用吗？

通常，菜式中的柠檬不是用来直接食用的，大多是要取其汁，比如在牛排、鱼肉、蔬菜沙拉中，常是要将柠檬汁挤出，淋在肉或蔬菜上，以去除肉的油腻或令蔬菜更鲜美。

▶ 不必费神找牙签

西餐的餐具主要是刀、叉、匙，之后就是勺子、餐巾，有些中餐桌常见的东西在西餐桌上是没有的，比如湿纸巾、牙签。有相当一部分中国人在饭后有用牙签剔牙的习惯，由于中西文化的差异，这种习惯在西餐桌上是无法得到满足的，因此，当你在享受西餐之后，也就不必费神去找牙签了。

当有食物屑塞进牙缝时，应喝点水，试试情况能否改善。若不行，则应该到洗手间处理一下。

这里的柠檬通常是要挤出汁淋在菜品上，不但可以去除肉的油腻，而且可以令肉味更鲜美。

这类精巧的小东西，在西餐馆中是难觅其踪的。

第8章 餐桌上的礼仪 CANZHUOSHANG DE LIYI

餐巾有时可以起到暗示作用。

龙文小百科 餐巾可以暗示宴会的开始和结束

在西式宴会中，餐巾是一个重要的道具，有很多信号的作用。

当主人把餐巾铺在腿上时，表示宴会开始，这是餐巾的第一个作用。当主人把餐巾放在桌子上时，表示宴会结束。

餐巾要叠成长条形或者叠成三角形铺在腿上，避免吃饭时菜肴、汤汁把裙子或裤子弄脏了。

▶ **当在餐中发现异物时**

当这种不快发生时，切勿"花容失色"地告知邻座的人，以免影响别人的食欲。应保持镇定，赶紧用餐巾把它挑出来并弃之。

▶ **当刀、叉等掉落到地上时**

不要随便趴到桌下捡回，尤其是女士，这丝毫不会令你显出自力更生的美德，只会令你在众人面前仪态有失。因此，不要着急，也不必感觉尴尬，请侍应生另外补拿就可以了。

▶ **当你要拿取食物时**

取食时不要站立起来，坐着拿不到的食物应请别人传递。有时候，主人会劝客人添菜，如有胃口，添菜不算失礼，相反，主人会以提供的饭菜可口而感到高兴。

 **希特勒与中国使节**

在希特勒举行的一次宴会上，一位中国使节按照在国内进西餐的习惯，用餐巾去揩拭刀叉。殊不知，在西方这种做法是极不礼貌的，仿佛是责备刀叉不干净。希特勒见状，同样不明就里，十分尴尬之下立即命令侍者将全体客人的餐具一律重新换过，那位中国使节见状，同样备感尴尬，窘迫难堪。

 **不懂西餐礼仪的李鸿章**

在清朝时，有一次外交大臣李鸿章应德国首相俾斯麦之邀出使德国。

在一次赴宴中，由于李鸿章不懂西餐礼仪，他把一碗吃水果后洗手用的水端起来喝掉了。当时，俾斯麦并不了解中国虚实，为了不使李鸿章难堪，他便也将洗手水一饮而尽，见此情形，其他陪同官员只得忍笑奉陪。今天东西方人民之间的交往愈益频繁，了解餐桌上的礼仪也是十分必要的。

自助餐礼仪

自助餐作为一种轻松、方便而快捷的用餐方式正在越来越多地受到食客们的欢迎。自助餐之所以称为自助餐，主要是因其可以在用餐时调动用餐者的主观能动性，而由其自己动手，自己帮助自己，自己在既定的范围之内安排选用菜肴。自助餐有时又被称为冷餐会，主要是因其提供的食物以冷食为主。当然，适量地提供一些热菜，或者提供一些半成品而由用餐者自己进行再加工，也是允许的。

自助餐显著的优点在于：可免除座次排列之劳，还可以便于用餐者自由地进行交际。由于自助餐多以冷食为主，不提供正餐，不提供高档的菜肴、酒水，故可大大地节约主办者的开支，并可避免不必要的浪费；可以各取所需，令用餐更加随意、轻松；可同时招待多人，给主办者带来便利，而且还可以较好地处理众口难调的问题。

由于自助餐特有的用餐、付费方式，令不少人对其钟爱有加，但也容易在用餐过程中显现出一些有失风度的行为。当然，在享用自助餐的时候，平日应遵守的礼仪同样是适用的，那么，哪些礼仪是要特别注意的呢？

☐ 拿取食物要量力而行

在享用自助餐时，面对品种丰富的美味，有的人总是将自己喜欢吃的食物一股脑儿地放入自己的盘中，不管能否吃完，先将自己的盘子填满再说。这实在是一种不当的行为：一来，有可能因为吃不完而造成浪费；二来，也会给在你后面等待拿取食物的人造成不便；当然，也可能会令你没有能力再享受服务员后续端上来的美味。

如果是西式自助餐，正确的方法应该按照冷盘、主菜（热）、甜点的顺序拿取食物；如果是中式自助餐，应按照冷菜、热菜、主食、汤品的顺序拿取食物。每次取的量不能太多，餐盘要空出1/4的位置以便放置饮料杯。

吃完再取，不但减少了不必要的浪费，也令你在用餐时不失风度。

拿取食物，每次不宜过多。

提升青少年情商礼仪礼节全书

第8章 餐桌上的礼仪 CANZHUOSHANG DE LIYI

☐ 拿取食物要找对方向

一般情况下，拿取食物时应按照顺时针的方向进行，这样有助于减少多人同时拿取食物时相互"打架"的概率，让用餐更加秩序井然。

☐ 拿取食物时不要离餐台过近

这主要是为了防止餐台上的油污等弄脏衣服。在任何场合下，时刻保持自身的干净整洁都是很有必要的。

☐ 取完食物要将公共餐具放回原位

在自助餐厅，每一种菜品旁都有公共的餐具供大家取食之用，但往往有的人拿取食物之后不将餐具放回原处，而是随手乱放，这也是一种无礼的行为，不仅给后面的食客拿取食物造成了不便，而且会令自己在下次取食时感觉不便。因此，平日养成良好的习惯，随时将物品放回原处是十分必要的。

☐ 餐后打包

一定要记住：自助餐是不允许打包的。因此取用食品的时候一定要量力而为，要坚决摒弃无端的浪费。在有些餐馆中，剩下的饭菜等超过一定的数额还要依价付费呢。记牢这一点，以免尴尬噢！

良好的用餐秩序，不只给他人带来了便利，同时也令自己用餐更方便。

要正确使用那些方便大家拿取食物的餐具，用毕要放回原处。

第9章

> 生活里最重要的就是有礼貌，它比最高的智慧，比一切学识都重要。
> ——赫尔岑

外出礼仪

第9章 外出礼仪 WAICHU LIYI

公共场所的礼仪

在公共场所,一个人的行为得体与否体现了其社会公德心的程度,更是其文明程度的体现。行为得体与否,关键在于其对礼仪礼节的了解与把握程度。在社会生活中,能够较好地把握公共礼仪可以使人们之间的交往和谐、顺畅、深入,进而为社会公众创造高品质的生活环境。

▣ 注意事项

不管身处怎样的公共场所,有一些礼仪和礼节都是应该自觉遵守的,我们将它们归纳如下,供大家参考。

▶ 遵守秩序

公共礼仪维持了公共生活的最基本秩序,而公共秩序是社会公众的最基本的需求,乘车、购物、用餐、娱乐……无一不是要求秩序井然的,没有了秩序,公众的权益就会受到损害,社会的和谐无疑会有所减损。因此,当你乘坐公共交通工具、自驾车出行、在商场购物、到银行存取款、到影院休闲、在餐厅用餐……都不要忘记自觉遵守特定的秩序要求:顺序排队、不拥挤、不插队、与前者保持适当距离……做到这些,不仅是对社会和谐的贡献、对他人的尊重,也是对自身权益的保障、对自己良好素养的体现。

▶ 仪表整洁、讲究卫生

讲究仪表和形体礼仪,是拥有良好社会公德的一种表现。仪表整洁,既是对自己的尊重,也是对他人的尊重。

服装不洁会在视觉上给人以不愉快的感觉。当你在欣赏电影、戏剧时,当你在商场购物时,当你在餐厅用餐时,当你乘坐公共汽车时……如果遇到那些赤膊的、满身油污的或浑身散发着异味的人,你会作何反应呢?相信大部分人会厌恶地躲开,并投给他鄙视的目光。虽然有些人是因为不可避免的原因(如工作环境恶劣、卫生条件差等)导致如此,但在大部分情况下,这种不快是完全可以避免的。推人及已,如果你是如此形象,也必会使人心生厌恶,这不仅会影响他人的情绪,也会令你在他人眼中显得缺乏修养。

从小学习遵守秩序,做文明礼貌的好市民。

卫生，包括个人卫生和公共卫生两方面。这既是个人身体健康的需要，也是对社会环境这一公共产品应有的关心和责任。讲究个人卫生，就要注意清洁个人卫生，每天洗脸、刷牙、勤洗澡、换衣；讲究公共卫生，不随地吐痰，不乱扔果皮、纸屑，不在公共区域堆放杂物等。

良好的卫生习惯，有利于人们之间交往的和谐、愉快。

▶ **尊老爱幼、礼让女士**

每个人都会变老，变得虚弱、变得脆弱。同样，每个人也都有自己的幼年时期，娇嫩而需要关怀。女性在我们的生活中往往扮演着极其重要的角色，比如我们的母亲、姐妹、妻子、女友，女性的娇弱也使得她们成为需要被关怀的对象。推己及人，学会换位思考既是我们对他人的尊重、日益成熟的标志，也是良好道德修养的一种体现。无怪乎先贤孟子在描述他想象中的理想社会时讲出了"老吾老以及人之老，幼吾幼以及人之幼"的至理名言。

当我们在乘坐公共交通工具时，自觉地给老幼妇孺让出座位；当我们在拥挤的人流中时，小心地保护我们身边的老幼妇孺；当我们在要上电梯、楼梯的时候，礼貌地向老者、孩童伸出援助之手，礼让身边的女性朋友……当这一切变得如行云流水般自然的时候，相信我们的社会生活会更加和谐、美好。

龙文小百科 上、下楼梯时如何礼让女性？

对于"Lady first（女士优先）"这句话，相信每个人都不陌生，但在有些时候，这句话还真不适用呢。上楼梯时礼让女性就是一个例子。

通常，下楼梯时，男士应礼让女士，让女士先行；上楼梯时则相反，男士应先行，让女士走在后面。这主要是因为女士常会穿着裙装，为防止裙下走光才有这样的"防范措施"。

"女士优先"不是永远适用哦！

电梯礼仪

电梯作为我们日常生活中亲密的"朋友",为我们的生活提供了便利,同时也检验着我们的文明素养。善待电梯,正确地使用、乘坐电梯,保证电梯安全、正常地运转,并注意保持电梯清洁,不仅是公德心的一种良好体现,而且是对自身乘梯安全与舒适的一种保障。

正确乘梯应主要从以下几个方面加以注意:

▶ **乘坐厢式电梯时**

等电梯时,不要紧靠电梯门,以免电梯打开时影响电梯内的人走出。

电梯打开时,应遵循"先出后入"的规则,不拥挤,按顺序上下电梯,以保证良好的出入秩序。

当电梯因超载发出报警音时,最后进入电梯的人应自觉退出电梯,改乘下一班电梯。

当你进入电梯后,有些电梯内配有专门的电梯操作员,这时,你只要告诉他你要去的楼层就可以了;当你需要自己操作电梯时,你一定注意不要乱按电梯上的按钮,以免因操作失误造成不必要的麻烦。当有长辈或残疾人等一同乘梯时,你应主动地询问大家所要去的楼层,并正确地按下按钮。

电梯给我们的生活提供了极大的便利。这是度假胜地迪拜豪华酒店内美轮美奂的电梯门。

按电梯按钮时,只要让按钮亮起就可以了,不要反复乱按,更不要用伞柄、木棍、钥匙等器物代劳。

我们经常会碰到一些喜欢恶作剧的朋友,在临下梯前,将所有楼层的按钮都按亮,让电梯一层层地逐一停下,这无疑会给后续等待乘梯的人,尤其是有急事的人造成极大的不便。同时,这也会加快电梯老化、损坏的速度,给所有乘梯的人造成安全隐患,这其中也包括恶作剧者自己。

不在电梯内大声喧哗、嬉戏,不乱蹦乱跳,不在轿厢内乱写乱画,不乱扔废弃物,自觉维护电梯内良好的环境。

遇有雨雪天气时,要在电梯外将雨伞、雨衣、外套等上面的水珠简单清理,并在进入电梯后小心放置雨衣、雨伞等物,以免碰到他人,造成不必要的麻烦。

不要反复乱按电梯内的楼层按钮。
爱护我们身边的公共设施,利己利人。

上、下电梯时，当遇有老人、孕妇、小朋友或行动不便的乘客时，我们应主动让他们先行，自觉地为他们按住电梯门打开钮，以防止电梯门突然关闭给他们的人身安全造成伤害，并应将有扶手的一侧位置让给他们。

当你带着心爱的宠物乘坐电梯时，应自觉乘坐专用电梯，不要为图方便乘坐普通客梯，以免因宠物吠叫或抓咬等给他人造成不必要的麻烦。

我们应将有扶手的一侧让给更需要它们的人。

爱护电梯内的各项设施，尤其是应急设施，以备在有紧急情况发生时使用。

乘电梯要遵守秩序。

学会识别电梯操作面板上的按钮，当有问题发生时懂得如何求救与自救。

▶ 乘坐电动扶梯时

遵守秩序，不拥挤，不从反方向乘梯。

自觉站在扶梯右侧，将左侧位置让出，以供有急事的人上下。

礼仪故事　法国陷阱

在法国，如果电梯里不止一个人，在步出电梯时要"女士优先"。在当仁不让者出去以后，如果剩下两位男士，两人之间还要接着互相谦让。甲伸手示意，请对方先走，说："我在您后边走"。这时候，乙切不可有失风度地抬腿就走，而是要做出同样的动作，加重语气说"我在您后边走"。如此反复若干次，其中的一位要恳请另一位原谅，因为他终于下决心要走出电梯了。法国人自己笑称这一过程为"法国陷阱"。

在公共卫生间的礼仪

在日常生活中，每个人无论是居家还是外出，都要使用卫生间。公共卫生间给我们在外出时提供了便利，同时，爱护其中的各项设施、保持其清洁也自然成了我们必须要做到的事情。所以，我们将会向青少年朋友介绍一下使用公共卫生间的礼仪，以供大家参考。

进入公共卫生间后，如遇有多人等候的状况，一定要遵守秩序，不要加塞，如遇有特别紧急的状况，应在征得前面人的同意后再进入"解决"。

在公共卫生间里使用马桶的时候，有的人由于担心公共卫生间的卫生状况而选择一些高难度的如厕动作，如"蹲距式"，也就是蹲在马桶边沿上。如此一来，如厕者看似保证了自己如厕的卫生，但却给后续正确使用这一马桶的人留下了卫生隐患——您的鞋底上实在是细菌太多啊！因此，如果大家都能正确使用马桶，这样的担忧根本就不必要了。

在公共场所洗手间的使用率较高，所以谨记"来匆匆，去冲冲"，留下一个干净的卫生空间。如果一个人不顾公德，会令随后使用的人"不方便"，就是缺少起码的公德。

请不要将卫生纸、女士卫生用品等杂物丢进马桶，以免堵塞下水道。如果不小心把马桶垫板弄脏，一定要在离开前用纸擦干净。

如无特殊情况，请不要占用专门给残疾人士准备的卫生设施，以免给他们造成不便。当您由于内急而不得不使用这些设备时，一定要注意保持好其中的卫生、爱护其中的设施，以保证残疾朋友们能够随时正常地使用这些设施。

整洁的卫生环境需要大家共同努力

在公共卫生间内会备有免费提供的卫生纸。由于是免费的缘故，有的人便喜欢另外多拿一些以备自己的不时之需。如此这般，着实是一种缺少公德的行为，虽然方便了自己，却全然不顾给后来的使用者带来多少不便。

在一些较为小型的公共场所，卫生间往往是男女共用的，这时就要更加注意。男士使用卫生间的时候，一定要注意不要将便桶座圈弄脏，以免使后续使用卫生间的女士为难；女士使用卫生间的时候，要注意将个人卫生用品处理好，最好用卫生纸包裹起来再弃置在垃圾桶内，以免后续使用卫生间的男士感到尴尬。

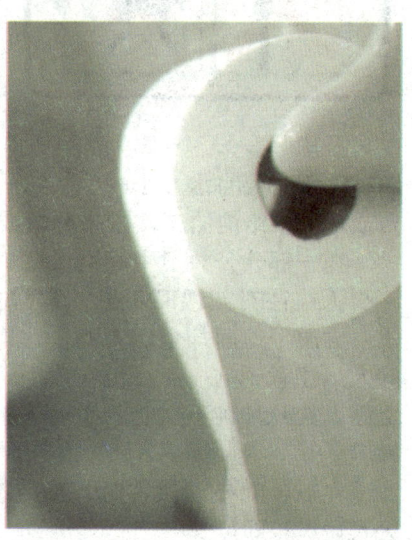

节约使用卫生纸，也是爱护公物的一种表现。

如厕完毕后要记得将马桶盖的盖子盖好。

如厕后一定要冲水，即使是小便也不要疏忽了这一点。还要特别注意的是，冲水时无论是踏板式的冲水开关还是按钮式的冲水开关，都要按照正确的方式操作，"野蛮"使用的后果必然是加快设备的损坏，给后续使用者（很可能也包括你自己）造成诸多不便。这是爱护环境最基本的表现，也是一个人对他人最起码的尊重，是一个人修养的点滴表现。

如厕完毕后一定要记得将马桶的盖子盖好，尤其是在冲水前。因为马桶盖绝非装饰物，它是保持环境卫生的一道屏障。因为强大的水压冲击，会使排泄物里的大小细菌随着水花与那些连眼睛都看不见的细小水分子一同冲向无边无际的空气中。

你认识这些标识吗？希望图中那些画"×"的举动是你所没有的，培养一颗公德心一定是从点滴小事做起的。

良好的如厕习惯也要从小培养。该图就是我国香港地区卫生教育展览及资料中心内，利用实物与多媒体向小朋友教授如何正确使用小便器及马桶的情景。

洗手时要将水开小一些，这一方面节约了用水，另一方面可以避免水溅湿洗手台或地面，给清洁工作带来麻烦或是使人滑倒。

在一部分公共卫生间里设置烘手机、毛巾或纸巾，是专为洗手后准备的。但有不少人往往对此视而不见，常常在洗手后一边往卫生间外走一边甩干自己手上的水，弄湿了地面却全然不顾，这样不仅会把地面弄脏，而且容易使人滑倒。还有一些人虽注意到这一点，但在擦手时随意浪费纸巾或毛巾，或是随手多拿些以备不时之需。凡此种种不文明的举动，不仅会引人注意，更会令自己在他人眼中显得缺乏教养。

在卫生间整理仪容时，避免不了掉发，此时可以用纸巾等随手将掉发拾起来，丢入垃圾箱即可。

在商场的礼仪

在日常生活中，任何一个人都免不了要和商店打交道。这时，店员与顾客之间以及顾客与顾客之间不可避免地要产生接触。要得到一个和谐、愉快的购物环境，人与人之间的相互尊重就变得格外重要。店员固然要文明经商、礼貌服务；顾客同样应尊重店员的劳动，顾客之间也应相互礼让，文明购物。

▶ **进入商场时**

如果你在商场一开门时就进入购物，那么当商场开门纳客的时候，你一定要注意遵守秩序，不要拥挤，因为混乱的秩序不但容易使人受伤，还会"有效地"破坏你购物的心情；当遇有雨、雪等天气进入商场购物时，一定要注意在商场门口将雨衣、雨伞、鞋底等加以清理，以免将过多的雨水或雪水带入其中，否则不但会弄脏环境，还容易使人滑倒，造成人身伤害。

注重购物时的礼仪也会让你购物时心情更加愉悦。

仔细地挑选商品，以避免更换货物的麻烦，同时要注意不要将商品污损。

▶ **挑选商品时**

当你选购商品时，最好事先稍作考虑，不要因为自己的购物目标不明确而不停地请店员更换商品，这样不仅会对店员打扰过多，而且也会因此而影响其他顾客购物。在挑选易损和易污的商品时，必须小心谨慎，万一不慎损坏了商品，应主动与店方商洽，赔偿相关损失，犯了错误就逃的方式是万万不可取的。

▶ 购买商品时

纵然顾客是"上帝",但人与人之间起码的尊重是必不可少的,因此对店员同样要彬彬有礼。当店员正在为别的顾客服务时,应稍等片刻,不要急于与之打招呼。有时,商店里声音嘈杂,店员可能没有听到你的招呼,这时不要着急,而应提高些音量再次招呼店员。

当你在试穿或试用商品时要注意卫生,一方面不要将商品污损(如唇膏污损了衣物、脚汗弄脏了鞋子等),另一方面也要注意不要让不洁的商品危害到自己的健康(如不要在唇部试用唇膏、不要试吃无遮盖的食品等)。

在我们的日常生活中,排队购物或结账的现象难以避免。同在其他公共场合一样,一定要遵守秩序,自觉排队。如果自己确有急事需要先买,应向店员和排在前面的人说明理由,征得他们的同意后再插到前面。如遇到老弱病残者或有急事的顾客,则应发扬互助精神,主动让他们优先。

▶ 收纳商品时

当我们在商场尤其是超市,购物完成将商品进行收纳时,最好使用有利于环境保护的布袋或纸袋,让白色污染远离我们。

▶ 离开柜台时

当购物或结账完毕,离开柜台时,应向店员道谢,感谢他们的热情服务,相信这个时候店员也会对您彬彬有礼的行为做出热情、诚恳的回应。如此,一次完美的购物完成了。

☐ 在咖啡厅喝咖啡的礼仪

在习惯饮用咖啡的西方国家里，会不会煮咖啡是衡量一位家庭主妇是否称职的一大标准。因此，西方人有一个习惯，家里来了客人，若有可能，一定要待之以现磨现煮的咖啡，并且由女主人亲自为客人煮咖啡、上咖啡。这既是一种礼遇，又体现着一种档次。所以，遇到女主人这般厚待时，来宾无论如何都不能忘了当面称道一下女主人为自己所煮的咖啡"味道好极了"，否则，将会被视为无礼。

那么，除此之外，还有哪些礼仪是在喝咖啡的时候要加以注意的呢？

能够给朋友们煮一杯香浓的咖啡，无疑是对朋友们的一种特别的款待。

▶喝咖啡与用点心

喝咖啡时可以吃一些点心，但不要一手端着咖啡杯，一手拿着点心，吃一口喝一口地交替进行。喝咖啡时应当放下点心，吃点心时则应放下咖啡杯。

▶怎样拿咖啡杯

在餐后饮用的咖啡，一般都是用较小的杯子盛装。这种杯子的杯耳较小，手指无法穿过去。但即使用较大的杯子，也不要用手指穿过杯耳端杯子。正确的拿法应是用拇指和食指捏住杯把儿，然后将杯子端起。

▶怎样给咖啡加糖

给咖啡加糖时，砂糖可用咖啡匙舀取，直接加入杯内；也可先用糖夹子把方糖夹在咖啡碟的一侧，再用咖啡匙把方糖加在杯子里。如果直接用夹子或手把方糖放入杯内，有时可能会使咖啡溅出，弄脏衣服或台布。

▶怎样用咖啡匙

咖啡匙是专门用来搅咖啡的，饮用咖啡时应当把它取出来。不要用咖啡匙舀着咖啡一匙一匙地慢慢喝，也不要用咖啡匙来捣碎杯中的方糖。

在西式餐饮中，通常咖啡和点心是不可或缺的。

▶ 咖啡太热怎么办

刚刚煮好的咖啡太热，可以用咖啡匙在杯中轻轻搅拌使之冷却，但在搅动咖啡时尽量不要发出声响，或者等其自然冷却后再饮用。用嘴试图去把咖啡吹凉，是很不文雅的动作。

▶ 杯碟的使用

盛放咖啡的杯碟都是专用的，它们应放在饮用者的正面或右侧，杯耳应指向右方。喝咖啡时，可以用右手拿着咖啡杯的杯耳，左手轻轻托着咖啡碟，慢慢地移向嘴边轻啜。不要大口吞咽，也不要俯首去靠近咖啡杯。喝咖啡时，不要发出声响。添加咖啡时，不要把咖啡杯从咖啡碟中拿起来。

杯子传递出暖暖的温度，混合着咖啡浓郁的香气，给人以特别温暖的感受。

 **关于咖啡的起源**

关于咖啡起源的传说很多，我们讲讲其中的一个：

奴隶制盛行的时候，当奴隶被从今天的苏丹带到也门和阿拉伯时，途中经过摩卡岛，吃了那里的一种鲜嫩多汁的咖啡浆果。因此可以肯定，早在15世纪或更早以前，也门就已经种植咖啡了。

摩卡岛是当时去麦加唯一一条海路上的重要港口，也是当时世界上最繁忙的地方。但是阿拉伯人严禁任何果实型豆子的出口，以至于咖啡在其他地方都没有得以种植。

咖啡豆是咖啡树的果实，但如果剥去外壳的话，它将不可育。偷走成活的咖啡树或咖啡豆的竞争，最终以荷兰人在1616年的获胜而告终，他们将这些胜利成果种植在了温室里。

刚开始，也门的权威人士非常鼓励饮用咖啡，因为大家认为较之那种其芽和叶可以用作兴奋剂但有严重副作用的阿拉伯茶叶来说，咖啡更加令人满意一些。

首批咖啡馆出现在麦加，叫作"凯威昏凯尼斯"。随后，咖啡馆迅速遍及了整个阿拉伯世界，并很快变成了政治活动中心。因此，在随后的几十年里，咖啡和咖啡馆被多次禁止，但它们还是不断地出现。最终的解决方法就是对咖啡和咖啡馆征税。

在医院的礼仪

人吃五谷杂粮,加之天气变化无常,患病是避免不了的事情。患病就意味着需要就医,前往医院就诊,更是不能忽略相应的礼仪。

▶ **遵守秩序,文明就诊**

无论是挂号还是候诊,都要注意遵守秩序,不要插队。有些人在生病的时候,由于身体的不适难免情绪焦躁,但一定不要忘记的一点是:每一个去往医院就诊的人,或严重或轻微都有着某种不适,不要只顾自己的感受而无视他人的感受。

当你的身体极度不适,需要立即接受诊疗时,你应该挂急诊号,并及时向排在你前面的病人说明情况,征得他们的同意后,再进入诊室向医生讲明情况,接受诊疗。当然,如果你是那个排在前面的人,当碰到危重病人时,同样应该给予理解或提供帮助。如此,大家之间有了相互的体谅与关怀,相信就诊将会因彼此间的关照而变得充满温情,身体的不适也会因此而有所缓解。

▶ **遵守医院相关规定,不做"逾规的罪人"**

毫无疑问,医院是一个特殊的公共场合,那里更多的是需要特殊关照的患病人群,因此,大声谈笑、随意走动、吸烟、随地吐痰、乱丢果皮纸屑是严厉禁止的。共同创造一个安静、卫生的就诊环境,无论是对患者、医生,还是陪诊的家属都是非常重要的。

▶ **尊重和信赖医生、护士**

在中国,医院以及医生的数量还远远达不到发达国家的水平,也就造成了就医难这样的客观现实,因此医生们所要承担的压力也就可想而知。虽然近些年来已经有了相当大的改观,但就医的压力仍然困扰着众多的医生和患者。这样,和谐的就医气氛、环境也就更加显得弥足珍贵。这样的和谐是要医患双方共同努力的。

作为就医的患者,应该做到尊重并信赖医生、护士。比如,专心候诊,及时应答护士或医生的招呼,避免拖拉,以有效缩短后续患者的等

龙文小百科
当你遇到不负责任的医生

当你偶尔遇到医生对疾病做出了令你认为可疑的处理时,切忌立刻火冒三丈,而应该再将自己的各项病征向医生陈述,并耐心询问,请医生帮助你将心中的疑虑解释清楚。如果医生的回答仍不能令你满意,你就应该将自己的态度表示清楚,请其联络其他医生为你会诊或解答,如达不成共识,那你最好另行挂其他医生的号或到其他医院进行诊疗。毕竟不能要求每一个医生对所有疾病都能做出准确无误的诊断。

当然,如果由于医生的错误诊断或治疗而给你的身体带来伤害,切不可采取过激的行为(殴打、辱骂等),而应将纠纷交由相应的主管部门进行妥善解决,甚至提请诉讼。

相互的尊重与关爱令医患关系更加和谐,也使生病入院不那么令人沮丧。

候时间；积极配合，主动、清楚地向医生陈述病征，协助医生做出正确诊断，陈述过程中应配合医生的提问，不要随意打断医生的话；尊重医生的诊断，不宜向医生点名要药，如先前已服用过有效治疗的药物，应向医生申明，请其判断哪一种药物更适合你的治疗。

▶ 探望病人要科学、得体

当我们探望病人时，同样要遵守医院的各项相关规定，诸如探视时间等，同时还要特别注意以下的一些事项：

1. 关于同行的人

通常不要带着儿童探望病人。一来儿童自身免疫力较差，容易受到医院中各种传染性病毒、细菌的侵染；二来儿童容易吵闹，也会影响病人的情绪。

也不要在自己生病期间探望病人，尤其是患有易于传染的疾病（如流行性感冒等）期间，以免将疾病传染给病人而影响其康复。

当然，带着宠物等探望病人是绝对要禁止的。

2. 关于礼物

很多人喜欢给病人送鲜花和水果，这两样礼物的确都是不错的选择，但一定要视病情及实际情况而定，注意科学。

有些病人或同病房的人可能对鲜花过敏，或者患呼吸道疾病，不适宜呼吸有花粉的空气。另外，如果是住院的话，大家探病都送鲜花，也容易影响狭小病房内的其他病人。

并非所有的病人都适合接受水果，一些糖尿病人、肠胃病人是不能吃某些水果的。

另外，宠物等是绝对不能作为礼物赠送给住院病人的，以免给病人带来不必要的麻烦，甚至影响他们的身体康复。

3. 关于与病人的交流

探望病人时，神情应该保持轻松和关切，不要显得过于担心。见到病人治疗用的针头、皮管及其他医疗器械，不要表现出惊讶的神态，以免给病人带来压力。

与病人交流的话题要轻松，注意不要自己滔滔不绝地说，对于一些不便当着病人面交谈的话题，可在离别时与其亲属到门外再谈。

告辞时，应该问一下病人是否有什么需要帮助办理的事情，并嘱咐病人安心静养。

学会做个合格的路人

在路上行走,是每一个人每天都要多次重复的事情,但你想过吗,你是否是一个合格的路人呢?

走路,貌似人人都会,但是如果你忽略了行路过程中必须要遵守的种种规则,那你无疑不是一个合格的路人。

那么,怎样做才算是一个合格的路人呢?就让我们一起来看一下吧,给自己平日的行为做个评判。

▶ **自觉遵守交通规则,维护交通秩序**

随着社会的不断发展、生活水平的不断提高,社会交通设施也日益变得方便、快捷、复杂多变,对人们的交通意识也提出了越来越高的要求。

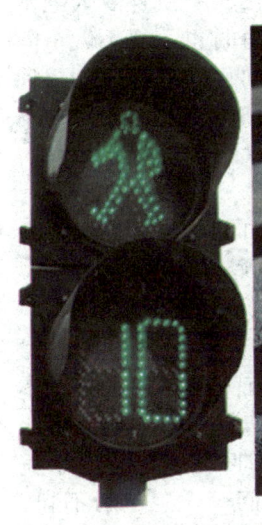

行人过马路走人行横道、遵从交通信号灯的指示,不仅会令生活更有秩序,而且为我们的出行提供了切实的安全保证。

当你在街上步行时,一定要走人行道,不要占用自行车道或机动车道;过马路时一定要走人行横道,遵守信号灯以及交警的指挥,不要随意穿行,更不要随意攀爬、翻越护栏等,以免发生危险;学会辨识各种交通指示标志,并要严格遵守,以使我们的生活更加安全、有序。

▶ **行人之间要文明礼让**

现在无论是喧闹的大都市还是原本清幽的乡村,都变得日益繁华,街道上的行人越来越多,尤其是在特别繁华的地段,行人比肩接踵,此时与在其他公共场合一样,一定要做到相互礼让。

在地下通道或是地铁换乘通道等人流较多的地方,一定要注意遵守秩序,不要拥挤。当你有急事要超越他人的时候,一定要有礼貌地和前面的或身旁的人打招呼,比如:"劳驾,借过一下。""对不起,我赶时间,借过一下。"不要不管不顾地向前直"冲",这样做不仅失礼,也会引发不安全因素,甚至会引发和他人不必要的冲突。

在人群特别拥挤的地方,不小心撞到了别人或踩了别人的脚,要主动道歉;如果是被别人踩了脚或是被别人撞到了,切不可口出恶言。切记:当"你干什么""没长眼睛啊"之类的粗言出口时,你的素养也就昭然于人前了,想必那不是你所希望的。那就让我们一起从现在做起、从点滴小事做起,"养"得一颗宽容与友爱的心,微笑着面对这美好的生活吧。

▶ 行路过程中注意小节

当你走路时,一定要记住不要边走边吃东西,这既不卫生,又不雅观。如果确实肚子饿或口渴了,也可以停下来,在路边找个适当的地方,吃完再赶路。

走路时要注意爱护环境卫生,不要随地吐痰、随手乱扔废弃物。

龙文小百科
当你在路上遇到朋友时

当你在路上遇到熟人时,要主动开口问候,想多交谈一会儿时,则要靠边站,不要站在人流拥挤的地方,更不要站在车道上,以免妨碍他人行路,甚至给道路交通增加不安全因素。

▶ 关于问路的礼仪

面对日新月异的城市变化,不仅外乡人经常会向旁人问路,就是本地人有时也不得不做个问路人呢!因此,当遇到有人向你问路时,如果你知道,那就一定要如实、详细地告知;如果你不知道,也要礼貌地说声:"对不起,我不知道,您再问一下其他人吧。"

其实,只要你想一想自己向人问路时的心情,就知道该怎么回答那些向你问路的人了。

当你向别人问路时,应该注意以下细节:

1. 当向别人问路时,应先热情礼貌地称呼对方,如"同志""师傅""先生""女士""小姐""大姐""大哥""老伯""阿婆""小朋友"等。如果实在不知怎么称呼才恰当,就干脆简单些,直接说"劳驾,请问……""对不起,打扰一下,请问……"绝对不能用"哎(喂),……怎么走啊"这样的方式,如此不礼貌、不尊重的问话,只会让对方对你心生反感,如果在这种情况下,你指望对方热情、详细地给你指路,实在是有些苛求。

2. 当别人为你指路后,应诚恳地表示感谢,达到目的转身就走的做法绝对是令人气恼的,当然,有时只是一时忘记了,或是急着赶路没有顾及而已,但礼貌与修养是从点滴小事培养起来的,当它成为习惯的一部分,就不会有这种"忘记"或是"匆忙"发生了。

3. 如果对方没能给你满意的答复,也应有礼貌地表示感谢。时刻保持良好的心态,一定会令你的心情更加愉悦,少一些失衡。

乘公共交通工具的礼仪

当我们外出的时候，免不了要乘坐一些交通工具。乘坐任何一种交通工具时，安全都是首要问题，因此系好安全带、抓牢扶手、不将头部及手臂伸出车外等这些看似小事的细节都是要认真完成的。下面我们要讲的是乘坐交通工具时应注意的一些礼仪上的问题，以供大家参考。

搭乘私家车时

合理安排座次，长幼尊卑有序。如果由司机驾驶时，通常以后排右侧为首，左侧次之，中间座位再次之。如果由主人亲自驾驶，则以驾驶座右侧为首位，后排右侧次之，左侧再次之，后排中间座为末席。主人驾车且有陪同时，则应请客人坐在后排右侧。

那么，当你与父母、长辈同行的时候，你知道该坐在哪里了吗？

如果有女士同时搭乘的时候，则男士要打开车门先让女士上车，为其关好车门后自己再上车。在公共场合或是社交场合中，男孩子们应该时刻记住：自己是一名彬彬有礼的男士，礼让女士是自己必备的礼仪之一！

别看安全带只是汽车上一个小小的配件，但它对于乘车人的安全起着不可小觑的作用，因此，系上安全带应是我们上车后的第一个动作。

上车时，不要一只脚先踏入车内，整个人再进入车内，更不要爬进车里。正确的姿势应该是：先站在座位边上把身体降低，让臀部坐到位子上，再将双腿一起收进车里，双膝一定要保持并拢的姿势（这一点对于女孩尤其重要，优雅的姿态要随时注意保持）。这样的上车姿势不仅是为了尊重车内的人、为了美观，安全因素也是考虑之一——当有可疑人员在你的车周围逡巡，伺机"下手"时，这也是有效防止被袭击的最佳姿势。

在车内，保持安静是最好的状态，愉快的聊天自然会令路程充满愉悦，但高声谈笑、乘车人嬉闹无疑会分散司机的注意力，带来安全隐患，因此为了大家的安全，将所有的交流放到下车后是最好的选择。

> **龙文小百科　你会正确地上车吗？**
>
> 在日常生活中我们常会看到这样的情形：男士确实是礼貌地打开后座车门请女士先上车了，但接下来的动作便不禁令人哑然：男士紧跟着挤进后座，令已经入座的女士不得不别扭地向里面挪动身体，以给男士腾出位置。
>
> 正确的方式应该是：请女士入座后，男士将车门关好，然后绕到后座另一侧车门处，打开车门上车。
>
> 其实，这样的上车方式不仅适用于男女之间，也同样适用于任何男士或女士与尊长之间。

国际标准标志——禁止抛物

乘车时还有一点很重要,那就是不要为了图一己之便而随手向车外抛掷废弃物,这种行为是非常无礼而缺乏教养的,一定要特别注意。应将废弃物先放在车内的垃圾袋中,如果没有就先保留在手中,待下车后再扔进垃圾桶中。

这一点不仅在乘坐私家车时要加以注意,在乘坐任何交通工具(公共汽车、出租车、火车、船,甚至骑自行车)时都要加以重视,时刻注意保持周边环境的整洁是我们每一个人应具备的基本的公德意识。

现在很多出租车上都备有供乘客免费取阅的杂志,有的还配备了车载电视以方便乘客,我们在乘坐过程中,一定要做到不污损,以使它们能够服务于更多的乘客。

搭乘出租车时

招呼出租车时,一定要站在不妨碍交通的地方,一定不要站在十字路口或是出租车禁止停靠的地方打车,这样做不但会违反交通规则,也会造成安全隐患,或是造成暂时的交通阻塞。

乘坐出租车时,上车后应主动向司机打招呼,并准确告知自己想抵达的目的地。说目的地时,一定要清晰而且详细,如有可能,还应建议司机走哪条路线。

在出租车内,同样应保持安静,不要分散司机的注意力,以免造成安全隐患,或是因注意力不集中而走错了路造成不必要的时间和经济上的损失。同时,在出租车上也要注意保持车内环境卫生、爱护车内的各项设施、不向车外乱丢东西、不将头部及手臂等伸出车外、不在车内脱鞋等。

到达目的地后,应照价付款,并索要发票,以备不时之需(如有物品遗落或发生纠纷时,发票便是唯一的凭证)。如对款项有疑问,可以与司机商讨解决,不能达成共识时,也不要因此而发生争吵,可凭发票向其所属出租公司寻求解决办法。无谓的争吵甚至是肢体冲突不仅不会顺利地解决问题,相反,还有可能造成不必要的身体伤害,是不可取的,尤其对于青少年朋友们,这一点更要加以重视,要学会以正确的方式保护自己。

搭乘公交车时

现代人们的"行"离不开公共车辆。由于我们国家交通事业还不够发达,车少人多,车厢里常常很拥挤。因此,乘客彼此之间更要注意文明乘车。作为青少年朋友,我们同样应该遵循文明的乘车规则,有序乘车,礼让乘车,注意安全,爱护环境……从身边点滴小事做起,培养自身的公德意识和良好的行为修养。

▶候车时

当我们等车的时候,一定要主动排队,车来后,等车上的乘客下车后再按顺序上车,不要争先恐后,乱挤乱撞。其实,越是人多的时候越需要秩序井然,争先恐后不一定就能使上车速度加快,相反,还会因秩序混乱而延误时间,甚至导致有人被挤倒而发生踩踏等严重的人身伤害。

在上海曾经发生过一个惨痛的事件。一个10岁男孩在乘坐公共汽车时,因人流拥挤而被挤倒在车轮下,不幸被压死。为了自身的安全、为了他人的安全,自觉遵守秩序本是一个再平常不过的规则,在今天,我们却要不断地重复申明,这不能不说是一种悲哀。

作为青少年朋友们,注重自身修养,不要受一些不良社会风气的侵染,从自身做起,用我们的实际行动昭示并影响身边那些不顾行为规范的人们,共同为创建一个更加和谐有序的社会环境而努力吧。

▶自觉遵守乘车的各项规定

当我们上车后,一定要自觉遵守乘车的各项规定:及时购票、刷卡或投币,不向车内外乱扔废弃物,不与司机交谈,不占用老、幼、病、残、孕专座,不将头部及肢体等伸出车窗外……

乘车时要自觉遵守各项规定,切勿将头部及肢体等伸出窗外。

▶乘客之间相互礼让

在做到有序乘车的同时，还要注意乘客之间的相互礼让，尤其是对那些老、弱、病、残、孕以及带着幼小孩童乘车的人，不仅应该主动地让其先上车，在车上还应该主动地将座位让给他们。

为人子女、为人父母，是我们每一个人一生都要经历的角色转换；疾病是我们每一个人都不可能不经历的事情……以己推人，当我们遇到上述情况时，该怎样做也就了然于心了。

▶遇到不愉快的事要宽容、忍让

当车上人多拥挤时，相互间难免磕磕碰碰，这时一定要有一颗体谅与包容的心。若是自己踩了或碰撞了别人，要及时向对方道歉；如被别人踩到或是碰到，千万不要立刻火冒三丈、出言不逊，更不要因此而出现肢体冲突而给任何一方造成身体伤害。

有时，乘客与司售人员之间难免也会发生一些矛盾，这时，同样要注意相互体谅。双方应相互商讨解决的方式，如果冲突暂时无法解决，也不要着急，千万不可采取过激的行为，而应当依照正常的手续向相关主管单位或领导反应，甚至提起诉

龙文小百科 体谅与包容是化解不快的最佳方式

2018年10月28日10时08分，重庆万州区长江二桥上发生一起交通事故，一辆公交车在与一辆轿车相撞后，冲破护栏掉入长江。事故原因得到查明，因为车上一名女乘客坐过站，要求下车，和司机吵架打斗，导致车子失控，致使车辆与对向正常行驶的小轿车撞击后坠江，造成15人遇难。这个消息一公布，大家惊愕不已，就因为坐过站这样一件小事，却搭上了一整车人的性命。如果这个乘客能够宽容和顾全大局，就不会和司机争执不休动手打人。若这个司机从始至终，都能牢牢把握住手中的方向盘，尽到一个公交车司机的本职，也许车上的15个人就不会错过这一生。生命没有如果，假使这位女乘客和司机之间多一些体谅与包容，这个坠桥事件也许不会发生，或许不会造成无辜的伤亡。

讼，以求最终圆满地解决问题。

"退一步海阔天空"这几个貌似简单的汉字，其中所蕴含的道理在很多时候都是极有道理的。当我们以一颗体谅与宽容的心对待他人时，不仅会令对方为你的大度感到钦佩、为自己的狭隘感到惭愧，更会令周围的人感到春风化雨般的和煦，身处这样和谐的环境中，还有谁会为些许的不快感到烦躁呢？

▶ 雨雪天气乘车应处处为他人着想

在雨雪天气乘车时，上车后要脱下雨衣、收好雨伞，并将其尽量放在远离他人衣物的地方，以免水滴沾湿别人。拿雨伞时还要注意：要把雨伞的尖顶部朝下，防止戳伤别人。如果拿着脏湿的物品，应先把它们妥善装进塑料袋再上车，以免弄脏他人的衣服。

搭乘地铁时

随着社会经济以及道路建设技术的不断发展，在世界上很多大、中城市，地下铁路已经越来越普及。地铁车站一般都设在繁华地段，有的还和公共汽车站、火车站、飞机场等相连接，给人们的出行带来了很多的便利。由于其不像地上交通那样要受人流、车流、气候、路侧各项设施等因素的影响，少有堵车；加之其建造于地下，设计师们无疑最大限度地考虑了开凿距离等问题，使行车距离较地上短，因此广受人们的钟爱。

▶ 按规定购票、验票

乘坐地铁时一定要按照相关规定购买车票，并主动向验票人员出示有效票据；若是刷卡，则要根据规定认真操作，以免因为错误操作等原因而使刷卡不成功，给自己及他人造成时间上的损失。

随着科技的发展，原先的人工检票已逐渐被自助设施所代替。

▶ 如遇发生意外情况

现在我国很多城市中的地铁设施都已经向机械化、自动化发展，在给乘客提供了更多便利的同时，也使得发生机械故障时处理起来多了些麻烦。当你在乘坐地铁的过程中，如遇意外情况（如刷卡器故障，不能顺利扣款而影响通过，刷卡后机械臂不能顺利开启等），不要着急，一定要及时招呼相关工作人员予以处理，千万不要私自跨越栏杆强行通过等。

▶ 遵守候车、乘车秩序

守秩序是我们在任何公共场合都应严格遵守的行为准则，在地铁站中也是一样，而且由于其环境的特殊性（乘客候车区与轨道距离较近，列车通过时带起的强风易将乘客卷入轨道；地下铁轨上有高压电，一旦不小心跌入很难救助），对乘客也就提出了更高的候车、乘车要求：

候车时不要追逐打闹，并且一定要站在黄色安全线以外，以免失足跌入或被卷入轨道。

车到时一定不要拥挤，要遵循先下后上的原则，按顺序上、下列车。在遇到上下班乘车高峰时，如果乘客太多，千万不要挤在车门处，应选择下一趟列车。总有些人抱着这样的心态：我上不去，谁都别想走！这种行为既损害了大家的利益，也未能使自己获益，是极端自私且没有教养的表现。无论在何种情况下，这样的行为都是应该避免的。

别小看了这不起眼的黄线，它为人们的安全提供了一道基本的保障。

上车后，不要拥挤、抢占座位等，要相互礼让，并应主动给老幼病残孕及带着幼小孩童的乘客让座。

在列车上要自觉爱护环境卫生，不随地吐痰、不乱丢废弃物；不高声谈笑，以免影响其他乘客；不要占用一个以上的吊环扶手，以免影响他人使用；遵守相关乘车规定，如不要挤靠车门等。

要下车时，应提前做好准备，向车门处走。如果车上的人比较多，向车门处走的时候，一定要记得和前面的人打招呼并询问前面的人是否也在同一站下车，不要强行向外挤。有一点一定要牢记：礼貌要随时随地保持！

搭乘火车时

▶ 在候车室

当你要乘火车外出时，一般要提前到达火车站。而在候车厅等候时，一定要爱护候车室的公共设施，保持候车室内的卫生，不要随地吐痰，不要乱扔果皮纸屑。同时一定要注意：不要大声喧哗、相互追逐或打闹；携带的物品要放在座位下方或前部；不要抢占座位或多占座位，更不要躺在座位上使别人无法休息。

▶在检票口

检票时要自觉排队,不拥挤、不插队。进入站台后,要站在安全线后面等候,千万不要随意跳下站台。

▶在火车上

要等火车停稳后,方可在指定车厢排队上车,不要拥挤、插队。

要有秩序地进入车厢,并按要求放好行李,行李应放在行李架上或座位下,不应放在过道上或小桌上,以免妨碍他人。

在车厢内要爱护车内环境以及各项公共设施,礼貌地对待同车的人。

在座席车上休息,不要东倒西歪,卧倒于座席上下、茶几上、行李架上或过道上。不要靠在他人身上或把脚跷到对面的座席上。

在列车餐厅用餐时,如果人多,应耐心排队等候。在用餐时,应节省时间,不要大吃大喝,高声喧哗。用餐完毕,应迅速离开,不要长时间停留,借以休息、聊天,以免影响其他乘客用餐。

如厕、梳洗时,不要长时间占用洗手间,应"速战速决",以免给其他人造成不便。

脱掉鞋子给脚放松,虽然惬意,但在公共场合一定是要避免的,不要做个将自己的快乐建筑在他人痛苦之上的无德者。

当到达目的地时,同样要自觉排队等候,顺序下车,不要拥挤。

无论是搭乘游船还是客船,都要注意不要随意在上面追逐打闹。

☐ 搭乘船只时

无论是搭乘客船还是游船,都要注意一些基本的礼仪礼节,这不但会令我们更加优雅,也会令我们的生活更多些安全。

上下船时要遵守秩序，对号入座或铺位。一般船上的扶梯较陡，走道较窄，年轻人或男士应留意照顾女士、老人、儿童和残疾人。

不能随意在舱内的走道和甲板上奔跑追逐，不要随意触摸船上的各种开关和设施，以免因为错误操作造成不必要的麻烦。

当你第一次乘船或是在乘船过程中感觉到不舒服时，一定要准备好纸袋、塑料袋等物品，以备呕吐时盛装呕吐物之用。

不要向水中抛掷废弃物，也不要向水中的鱼儿投掷食物等，以保持水面的清洁。

当搭乘轮船等需要在客舱中住宿时，不管是男士还是女士都不要穿得太单薄，尤其是在夏天里，以免同住一舱的其他乘客尴尬，这是对自己也是对他人基本的尊重。

船在航行时，白天不要在船舷上舞动花衣服和手绢，晚上不要拿手电筒乱照，避免被其他船只误认为旗语或求助信号。

搭乘飞机时

人们的生活消费水平日益提高，加之空中交通的日益发展，乘飞机出行已成为越来越多人的首选。那么，在乘飞机出行的时候，要注意哪些礼仪呢？下面就让我们一起来总结一下吧。

办理登机的各项手续时，要按照机场各项导示办理，顺序排队、礼貌对待机场工作人员以及身边同往的乘客。

登机后，要将自己的行李放置在指定的行李架上，并且，在此过程中要注意礼让正在登机的其他乘客，不要只因为您在放置行李而使机上"交通"暂时拥堵。

就座后，要依照安全要求系好安全带、关闭手机、放好桌板等，并且不要高声喧哗、频繁走动等，以免影响其他乘客。

随着经济的不断进步，乘飞机出行已成为越来越多人的首选。

在飞机上，都会免费供应各种饮品。当乘务员询问你需要什么饮品时，你会说"每样都来一杯""一杯……"还是其他的什么回答呢？

我们应该根据自己的喜好以及机上能够提供的饮品种类做出选择，如果你每一种都想要品尝，那么请你慢慢来，先选一种，少要一些，喝完之后再请乘务员为你倒取另一种，避免自己因喝得太多而不舒服，也避免浪费。

当然，这时候，也请你照顾其他乘客的需求，并给予乘务员充分的体谅，不要在乘务员还没有给其他乘客做好服务时，就反复地要求其为你斟倒饮品。

在中午或晚间乘机时，飞机上还会为乘客提供免费餐饮，由于是定量供应，这时你也要遵照机上规定，不要额外索要。并且，同样要遵守秩序，不要在还未轮到你时，大声地要求先为你送餐。

机上还会提供免费赠阅的报纸，而且，也许会几种报纸同时提供，但不会保证人手一份，通常是对有阅读要求的乘客才会发放。因此，当你的邻座提出要看你手中已看过的报纸时，请你友好处之，不要冰冷地递过去了事，更不要置之不理。热情、友好地对待他人，也会令人同样友好地回馈于你。这样的友好还会体现在邻座之间相互帮忙传递餐饮、空杯等方面。旅客间友好的情绪会令彼此的旅程都更加愉快。

要爱护机上的设施，如收音机、耳机、毯子等。如果对于某些设施不会使用，可以向邻座询问，也可向乘务员咨询，不要自己试验，因为物品损坏后，会直接影响后续乘客的使用；也不要用提供给乘客的毯子擦鞋子、甚至擦鼻涕等；更不要将机上易于拿取的杂志、耳机甚至毯子等偷偷藏匿据为己有……不管这些行为是否被人发觉，都会损害其他乘客的利益，也会令行事者自身斯文扫地。

当飞机因气流不稳或其他原因造成剧烈颠簸时，要听从乘务人员的指导，不要惊慌地大呼小叫。当出现危急情况时，更要如此，以免在乘客间造成更大的恐慌。遇事沉着冷静，更是良好的心理素质以及素养的一种直接体现。

龙文小百科
顾客应该是怎样的上帝？

商家们总是强调说"顾客就是上帝"，也无不以此来要求他的员工们，要给顾客以最高的礼遇。但是作为"上帝"的我们应该如何对待这礼遇呢？

一个有礼貌、有涵养的人一定会珍惜这份礼遇，会自然地以礼遇回馈之。彼此间有了这份理解与尊重，相信一切相处都会因此而变得和谐、愉快。

相反，如果以"上帝"之名颐指气使，甚至刻意刁难，那么，纵使对方将"顾客就是上帝"的信条再怎么铭记于心，对于这类无礼的人也只会从心底里给予其最深刻的鄙视。

一个人与他人交流的态度是其涵养、修养最直接的表现，要想得到别人的尊重，给予对方充分的尊重，便是最明智的选择。将这一点铭记于心，渗透到自己生活、学习、工作的每一个点滴细节中，相信你一定会成为人群中最受欢迎的人。

登机后要有序就座，并要系好安全带。

当有需要请乘务员帮忙时，要自觉按动座位上的呼叫按钮，不要大声呼叫，以免影响其他乘客。

当你要使用机上的卫生间时，同样要"速战速决"，不要长时间占用，以免给其他乘客造成不便。

飞机到机场时，要听从乘务人员的指导，不要在飞机尚未停稳时便急着打开手机、离开座位拿取行李、向舱门口处走……这样不但会造成秩序的混乱，还有可能会造成安全隐患。

如果你有托运的行李，当离机后拿取行李时，要注意不要因为别人的行李妨碍了你拿取行李，就"野蛮"地对待它。

一次完美的旅行结束了，反观全文我们不难发现，其实，所有那些都是若干细节的结合。在看似烦琐的背后蕴藏的是同一个道理：己所不欲，勿施于人。对他人的尊重，就是对自己的尊重。并且，要做到这一点也并不难，养成一颗体谅与包容的心，这一切都会自然而然地形成。

第9章 外出礼仪 WAICHU LIYI

入住宾馆的礼仪

当我们外出到异地时,有时会入住一些宾馆,虽然每一家宾馆的口号都是要让客人宾至如归,但宾馆毕竟不是你的家,它只是你暂时租用的一个地方。所以有一些必要的礼仪是你一定要注意遵守的,这也是体现你的素养的一扇窗口。

☐ 在大堂、走廊等

不要高声喧哗、不要追逐打闹。

当需要行李车或需要门童帮忙时,要礼貌地提出要求,尊重宾馆服务员,不要因为自己"上帝"的身份而颐指气使。这一点适用于在宾馆住宿期间的全过程。

☐ 在客房

遵守酒店内的各项规定,爱护房间内的设施,不要因为是花钱租用的便不加爱护,甚至随意损毁;也不要因为有服务员会来清扫房间,便忽视了环境清洁的保持。时刻保持良好的生活习惯,是自己良好素养的体现,也是尊重他人的一种表现。

当你需要服务员帮忙时,请你先查看酒店须知,按照导引打电话给相关部门,不要在楼道内大声招呼服务员;也不要在房间内高声喧哗,尤其是不要开着房门高声喧哗,以免影响其他客人休息。

出门在外,宾馆就是我们临时的家,因此我们要像对待我们的家一样,对其中的各项设施加以爱护。

注意小节,不要穿着过于随便的衣服在楼道、餐厅等走动,以免令他人尴尬。

☐ 退房时

收拾私人物品时,一定要记住:不要将酒店里方便拿走的东西都放到自己的包内,以免影响后续入住者的正常使用。当由于你的原因损坏物品时,一定要诚实告知,并按规定进行赔偿,不要推卸责任甚至拒不承认。

办理好所有手续,临走时,别忘了说一声"谢谢,再见",给你的外出画上一个圆满的句号。

旅游的礼仪

随着生活水平的不断提高、社会交往的日益广泛和不断深入，人们了解外面世界的愿望也愈加强烈。于是，人们愿意花费更多的时间、精力和金钱，把自己交给旅途，让自己走得远些、更远些……

我们经常会参加学校或家人、朋友组织的一些参观或旅游活动，那么，在这些看似可以随性为之的活动中，是否也应注意一些礼仪呢？

做一个友善的旅者

旅游一定不会是孤独的，至少有行人做伴，有景色做陪。在这个过程中，如果你能友善地对待你所遇到的每一个人——家人、朋友、服务员、讲解员、同行的陌生人……相信你的旅程一定会是充满快乐的，愉悦他人的同时，也令你收获了双倍的喜悦，这是你良好素养的完美体现。

做一个文明的旅者

任何时候、任何场合，文明都是我们最基本的行为准则和礼仪要求。

礼貌待人，遇事谦逊忍让，不逞强，不好勇。平和是礼貌最直接的体现。

无论是在旅途中、景点内，还是在旅馆，都要自觉遵守公共秩序。

自觉爱护文物古迹和景区内的各项设施、花草树木，不随意在景区内、古迹上乱刻乱涂。

尊重当地的习俗。我国是一个多民族的国家，许多少数民族都有不同的宗教信仰和习俗忌讳。俗话说："入乡随俗。"在进入少数民族聚居区旅游时，要尊重他们的传统习俗和生活中的禁忌，切不可忽视礼俗或由于行为上的不当而伤害他们的民族情感。

第10章

礼有一种内在的礼貌，它是同爱联系在一起的。它会在行为的外表上产生出最令人愉快的礼貌。

——歌德

各国传统节日礼仪

中国传统节日的礼仪

传统节日的形成过程，是一个民族或国家的历史文化长期积淀凝聚的过程。从这些流传至今的节日风俗里，可以清晰地看到古代社会生活的精彩画面。

节日的起源和发展是一个逐渐形成、潜移默化地完善、慢慢渗入到社会生活的过程。我国古代的这些节日，大多和天文、历法、数学以及后来划分出的节气有关，这从文献上至少可以追溯到《夏小正》《尚书》，到战国时期，一年中划分的二十四个节气已基本齐备，后来的传统节日，全都和这些节气密切相关。最早的风俗活动和原始崇拜、迷信禁忌有关；神话传奇故事为节日平添了几分浪漫色彩；还有宗教对节日的冲击与影响；一些历史人物被赋予了永恒的纪念渗入节日，所有这些都融合凝聚于节日的内容里，使中国的节日有了深沉的历史感。

美丽而喜气洋溢的中国结

饱含了人们美好愿望的传统年画

值得一提的是，在漫长的历史长河中，历代的文人雅士、诗人墨客，为一个个节日谱写了许多千古名篇，这些诗文脍炙人口，被广为传颂，使我国的传统节日富于深厚的文化底蕴，精彩浪漫，大俗中透着大雅，雅俗共赏。

中国的节日有很强的内聚力和广泛的包容性，一到过节，举国同庆，这与我们民族源远流长的悠久历史一脉相承，是一份宝贵的精神文化遗产。

我国是个多民族的国家，各民族都有自己的文化习俗，众多的民族节日是一份有待挖掘的文化宝藏。这里我们只介绍汉民族的一些较大的传统节日和礼仪。

春节

春节是中华民族最隆重、最热闹的一个古老传统节日。春天来临，万象更新，新一轮播种和收获季节又要开始，人们有足够的理由载歌载舞来迎接这个节日。于是，节前就在门脸上贴上红纸黄字的新年寄语。当春姑娘来到门口时，会念一遍寄托新一年美好愿望的句子，这一念，好运就真的来了。同样寓意的事情还有挂大红灯笼和贴"福"字及财神像等。有时"福"字还要倒贴，路人一念"福倒了"，也就是"福到了"。

在民间，每逢春节时都要贴窗花、迎送财神。

过春节也叫过年。"年"是民间传说中的一种为人们带来坏运气的动物。"年"一来，树木凋零，寸草不生；"年"一"过"，万物生长，鲜花遍地。"年"如何才能过去呢？需用鞭炮将其吓跑，于是就有了燃放鞭炮的习俗。

春节是亲人团聚的节日，这一点和西方的圣诞节很相似。离家的孩子此时都会不远千里回到父母身边。真正过年的前一夜叫团圆夜，家人要围坐在一起包饺子。饺子的做法是先和面，"和"字就是"合"；饺子的"饺"与"交"谐音，"合"和"交"又有相聚之意，所以用饺子来象征团聚。

节日喜庆气氛一般要持续一个月：正月初一前有祭灶、祭祖等仪式，节中到处张灯结彩，并会进行多种庆典活动，晚辈要给长辈拜年、长辈会给孩子压岁钱以祝愿其健康成长、亲朋好友会往来拜年等，盛况空前。元宵节过后，春节才算真正结束。

春节到了，别忘了给操劳了一年的长辈拜个年，送上你最真挚的祝福。

古代过春节时热闹的景象

元宵节

农历正月十五是农历一年中的第一个月圆之夜,中国的传统节日元宵节。按中国民间的传统,在一元复始、大地回春的节日夜晚,天上明月高悬,地上彩灯盏盏,人们逛灯会、猜灯谜、吃元宵,合家团聚,其乐融融。

热闹非凡的灯会

美味的元宵

元宵节起源于汉朝,据说汉文帝每逢元宵节都要微服出宫与民同乐。司马迁在《太初历》中就把元宵节列为重大节日。

元宵象征家人团圆如月圆一般,寄托了人们对未来生活的美好愿望。元宵在南方称"汤圆""圆子""浮圆子""水圆",由糯米制成,或实心,或带馅。

元宵节燃灯的习俗起源于道教的"三元说":正月十五为上元(因此元宵节也称"上元节"),七月十五为中元,十月十五为下元。主管上、中、下三元的分别为"天""地""人"三官,天官喜乐,因此上元节要燃灯。元宵节燃灯放火,自汉朝时已有此风俗,唐时更盛。唐朝大诗人卢照邻曾在《十五夜观灯》中描述道:"接汉疑星落,依楼似月悬。"经过历朝历代的传承,节日的灯式越来越多。元宵节除燃灯之外,还会放一些烟花来助兴。

"猜灯谜"又叫"打灯谜",是元宵节后增的一项活动,出现在宋朝。最初是好事者把谜语写在纸条上,贴在五光十色的彩灯上供人猜。因为谜语能启迪智慧又饶有兴趣,所以逐渐流传开来,并形成了习俗。

元宵节除了主要的庆祝活动外,还有"走百病"等民俗活动,又称"烤百病""散百病"。参与者多为妇女,她们结伴而行或走墙边,或过桥或走郊外,以期祛病除灾。

随着时间的推移以及时代的发展,元宵节的活动也越来越多,不少地方节庆时还增加了耍龙灯、耍狮子、踩高跷、划旱船、扭秧歌、打太平鼓等活动。

逛灯会是元宵节的一项庆祝活动。

清明节

清明节大约始于周代，已有2500多年的历史。清明一向是中国很重要的一个节气，清明一到，气温升高，正是春耕春种的大好时节，故有"清明前后，种瓜种豆""植树造林，莫过清明"的谚语。

清明节也叫寒食节，其实在最初的时候，这是两个不同的节日。寒食节是民间禁火扫墓的日子，这一天，人们不生烟火，只吃凉的食品，故而得名。后来，由于清明节与寒食节的日子接近，渐渐地，寒食节便与清明节合二为一了。

关于寒食节，有这样一个传说：

相传春秋战国时期，晋献公的妃子骊姬为了让自己的儿子奚齐继位，设计害死了太子申生，申生的弟弟重耳流亡他乡，受尽了屈辱，身边的臣子也陆陆续续地各奔出路了，只剩下少数几个忠心耿耿的人一直追随着他，其中一人叫介子推。一次，介子推为了救饿昏了的重耳，竟从自己腿上割下了一块肉，用火烤熟了送给重耳吃。19年后，重耳回国做了君主，就是著名的春秋五霸之一的晋文公。

晋文公执政后，对那些和他同甘共苦的臣子大加封赏，唯独忘了介子推。有人为介子推鸣不平，晋文公猛然忆起旧事，心中愧疚不已，立刻差人请其上朝受赏封官。介子推坚辞不受，晋文公只好亲自去请，但介子推早已背着老母躲进了绵山（今山西介休东南）。晋文公又差御林军上山搜索，也没有找到。于是，有人出主意说，不如放火烧山，三面点火，留下一面，大火起时介子推定会自己走出来……

大火烧了三天三夜，却始终不见介子推的身影。人们上山一看，介子推母子俩抱着一棵烧焦的柳树已死去多时了。晋文公不禁痛哭失声，突然，有人发现介子推尸体后面的树洞里好像有什么东西，掏出一看，原来是片衣襟，上面题了一首血诗：

割肉奉君尽丹心，但愿主公常清明。柳下作鬼终不见，强似伴君作谏臣。
倘若主公心有我，忆我之时常自省。臣在九泉心无愧，勤政清明复清明。

清明上河图（局部）。北宋画家张择端将当时的社会生活、风俗民情通过画笔表现得生动而翔实。

介子推负母入山的彩绘

清明节别忘了在亲朋墓前献上一束白菊以表哀思。

晋文公将血书藏入袖中。然后把介子推和他的母亲安葬在那棵烧焦的大柳树下。为了纪念介子推，晋文公下令把绵山改为"介山"，在山上建立祠堂，并把放火烧山的这一天定为寒食节，晓谕全国，每年这天禁忌烟火，只吃寒食。晋文公还伐了一段烧焦的柳木，做了双木屐穿在脚上，每天叹道："悲哉足下。""足下"从此便成了下级对上级或同辈之间相互间的敬称。

第二年，晋文公率领群臣，素服徒步登山祭奠。行至坟前，只见那棵老柳树死而复活，绿枝千条，随风飘舞。晋文公望着复活的老柳树感慨万千，他珍爱地掐了一些枝条，编了一个圈儿戴在头上，又赐名老柳树为"清明柳"。于是，清明插柳的习俗便开始流传。

以后，晋文公常把血书带在身边，作为鞭策自己执政的座右铭。他执政清明，励精图治，晋国的百姓得以安居乐业。为表示对有功不居、不图富贵的介子推的敬仰与怀念，每逢寒食节，人们不生火做饭，只吃冷食。每到清明，人们把柳条编成圈儿戴在头上，把柳枝插在房前屋后，以表敬意。

如今，寒食节和清明节早已合为了一个节日，其意义也从怀念介子推扩展到了怀念所有逝去的亲朋等。

端午节

农历五月初五为端午节,是我国已有2000多年历史的传统节日,又称端阳节、端五节或蒲节。虽然名称不同,但各地过节的习俗大体相同。每到这一天,家家户户都插艾蒲、赛龙舟、吃粽子、饮雄黄酒、游百病、佩香囊。

▶ **插艾蒲**

在端午节,家家都以菖蒲、艾叶、榴花、蒜头、龙船花,制成人形称为艾人;将艾叶制成花环、佩饰,美丽芬芳,妇人争相佩戴,用以驱瘴。用菖蒲做剑,插于门楣,有驱魔祛鬼之神效。

美味的粽子

别致的香囊

▶ **赛龙舟**

相传屈原投汨罗江后,人们悲恸不已,争相划船追赶拯救,追至洞庭湖时已不见踪迹。后来,每年夏历五月初五这一天都划龙舟以纪念之。借划龙舟驱散江中之鱼,以免鱼吃掉屈原的尸体。竞渡之习,盛行于吴、越、楚,并逐渐成为华夏民族的重要民俗运动之一,不仅在大陆地区,就是在香港和台湾地区,每年端午节时也都会有规模不等的赛龙舟活动。

▶ **吃粽子**

荆楚之人,在夏历五月初五这一天煮糯米饭或蒸粽糕投入江中,以祭祀屈原。为避免被鱼吃掉,故用竹筒盛装糯米饭掷下,后渐用粽叶代替竹筒。

▶ **饮雄黄酒**

这一习俗在长江流域十分盛行。

▶ **游百病**

这是盛行于贵州地区的一种端午习俗,人们认为在这一天百草、百树都有药力,因此会在这一天里到村外游走,以期能够祛除百病。

▶ **佩香囊**

端午节小孩佩香囊,不但有避邪驱瘟之意,而且有襟头点缀之风。香囊内有朱砂、雄黄、香药,外包以丝布,清香四溢,再以五色丝线弦扣成索,做各种不同形状,结成一串,形形色色,玲珑夺目。

中秋节

中秋节是我国的传统节日。根据典籍记载，"中秋"一词最早出现于《周礼》一书中。到魏晋时，有"谕尚书镇牛渚，中秋夕与左右微服泛江"的记载。直到唐朝初年，中秋节才成为固定的节日。中秋节的盛行始于宋朝，至明清时，已与元旦齐名，成为我国的最重要的节日之一。

根据我国的历法，农历八月在秋季中间，为秋季的第二个月，称为"仲秋"，而八月十五又在"仲秋"之中，所以称"中秋"。中秋节有许多别称：因节期在八月十五，所以称"八月节""八月半"；因中秋节的主要活动都是围绕"月"进行的，所以又俗称"月节""月夕"；中秋节月亮圆满，象征团圆，因而又叫"团圆节"。在唐朝，中秋节还被称为"端正月"。关于"团圆节"的记载最早见于明代。《西湖游览志余》中说："八月十五谓中秋，民间以月饼相送，取团圆之意。"《帝京景物略》中也说："八月十五祭月，其饼必圆，分瓜必牙错，瓣刻如莲花。……其有妇归宁者，是日必返夫家，曰团圆节也。"

中秋节的晚上，我国大部分地区还有烙"团圆饼"的习俗，即烙一种象征团圆、类似月饼的小饼子，饼内包糖、芝麻、桂花和蔬菜等，外压月亮、桂树、兔子等图案。祭月之后，由家中长者将饼按人数分切成块，每人一块，如有人不在家即为其留下一份，表示合家团圆。

从月中蟾蜍到玉兔捣药、从吴刚伐桂到嫦娥奔月，人们赋予了月亮许多传说，八月十五月圆时也成为人们抒发感情的极佳时刻。中秋之夜，明月当空，清辉洒满大地，团圆的家人们围坐一处，祭月抒怀，其乐融融。

月是故乡明

重阳节

农历九月初九,二九相重,称为"重九"。又因为在我国古代,六为阴数,九为阳数,因此,重九又叫"重阳"。

重阳节的起源,最早可以追溯到汉代初期。据说当时在皇宫中,每年九月初九,都要佩茱萸,食重阳糕,饮菊花酒,以求长寿。汉高祖刘邦的宠妃戚夫人被吕后残害后,一位贾姓宫女被逐出宫,她将这一习俗传入民间。

民间在九月初九有登高的习俗,所以重阳节又叫"登高节"。相传此习俗始于东汉。唐人登高诗很多,王维的七绝《九月九日忆山东兄弟》就是写重阳登高的名篇之一:

独在异乡为异客,每逢佳节倍思亲。
遥知兄弟登高处,遍插茱萸少一人。

重阳节时,人们一般是登高山、登高塔,还有吃"重阳糕"的习俗。讲究的重阳糕要做成九层,像座宝塔,上面捏两只小羊,以符合重阳(羊)之意。有的重阳糕上还插有小红纸旗,并点蜡烛灯,用"点灯""吃糕"喻"登高",用小红纸旗喻茱萸。

相传重阳节赏菊、饮菊花酒的习俗起源于陶渊明。陶渊明以隐居出名、以诗出名、以酒出名,也以爱菊出名,后人因敬仰而争相效仿,遂有重阳赏菊饮酒的习俗。

重阳节插茱萸的习俗,在唐代就已经很普遍。古人认为在重阳节这一天插茱萸可以避难消灾;或佩戴于臂,或做香袋把茱萸放在里面佩戴,还有插在头上的。大多是妇女、儿童佩戴,有些地方男子也佩戴。此外,重阳节时人们还有插菊花的习俗,或把菊花枝叶贴在门窗上,或是簪于头上,还有将彩缯剪成茱萸、菊花来相赠佩戴的,以"解除凶秽,招来吉祥"。

在人们的传统观念中,双九还是生命长久、健康长寿的意思,所以随着社会的发展,从20世纪80年代后期开始,重阳节又称中国的"老人节"。老人们在这一天或赏菊以陶冶情操,或登高以锻炼体魄。每年的这一天,全国各地都会开展各种敬老活动,给桑榆晚景增添了无限情趣。

好酒爱菊的陶渊明

西方传统节日的礼仪

西方传统节日与中国传统节日一样，有着悠久的历史，它作为西方文化的一个重要组成部分，在很大程度上体现了西方国家、民族的历史及其文化渊源。而且，这些节日在每一个国家、民族发展的历史进程中又形成了各自不同的风俗习惯。了解认识西方的文化和礼仪习俗，有助于我们与西方国家和民族加强沟通与了解。

圣诞节是西方国家最大的节日。

元旦（New Year）

1月1日是西方各国人民的传统节日——元旦，这一天，无论是在大街小巷，还是在都市村庄，人们一见面就要互相祝福，共贺新年。

在西方国家，尽管圣诞节才是最大的节日，但元旦在人们的心目中仍占有不可替代的重要地位。除夕之夜（New Year's Day）晚会是庆祝元旦到来必不可少的活动，人们都喜欢在欢快的乐曲和绚丽的光彩中度过一年的最后一个夜晚。在正规的元旦除夕晚宴上，西方人很注重服饰，男人通常穿起西装或礼服，女人则穿上漂亮的长裙。然而，新年的化装舞会情形就不同了。在化装舞会上，人们打扮得新颖和独特，让别人一时认不出来。在这种场合下，既无宾客，也无贵贱之分，一切都处在轻松愉快的氛围之中。在元旦除夕期间，有些西方人既不到公共场所，也不参加盛宴和晚会，而是到教堂去辞旧岁迎新春。

由于文化和习俗的不同，各国人民庆祝元旦的方式和形式也有一定的差异。

在法国，元旦除夕最好不要有剩酒，剩酒表示来年不吉利。因此，不少人家在元旦除夕都喝个酩酊大醉，凡是开了瓶的酒都得喝个底朝天。

在意大利，元旦除夕，人们纷纷走上街头，燃放烟花爆竹，载歌载舞，以示庆贺。午夜，有些家庭将废弃的坛坛罐罐扔到门外，小孩子可以任意砸坏东西，以示送旧迎新。

在葡萄牙，人们用斗牛来迎接新年。元旦的前后10天是斗牛的高潮，各主要城镇都有专门的比赛场地。

在英国，元旦除夕，各家各户都要清扫厨房，以驱除恶魔，使来年顺利安康、幸福美满。在有些地方，如果在元旦这天去素不相识的人家中做客，最好随身带上一块煤作为新年的礼物，祝福主人家新年炉火越烧越旺。

在希腊，元旦这一天选出漂亮女郎扮演天使，给小朋友们送去新年的礼物。

尽管庆祝的方式不同，但都表达了人们辞旧迎新的美好愿望。

情人节(Valentine's Day)

2月14日是西方国家的情人节,它是有情男女倾吐爱情心曲的节日。在节日里,有情的男女给自己的心上人送去一盒心形的糖果、一束芬芳的鲜花、一张热情洋溢的情人卡或一首爱意绵绵的情诗。鲜红的绸带系在礼物上,上面附上一句话:愿你成为我的情人。

情人节源于罗马时代,关于它的来历传说很多。

第一种说法认为,情人节源于古罗马2月中旬的牧神节,它是为了纪念掌管女子婚姻的牧神卢玻库斯。在牧神节里,青年男女纵情欢乐。这天,年轻未婚的女孩子将她们的名字书写在"纸"上,放到一只盒子或竹筒里,然后让未婚男子去抽。被抽中名字的女孩,就成为这个男子的情人。有些青年男女通过牧神节的"抽签"活动而成为终身伴侣。年复一年,牧神节成为青年男女寻找爱情对象和追求幸福的节日。

另一种说法是,情人节是为了纪念公元3世纪一个叫瓦伦丁的基督教殉难者。传说由于他带头反抗罗马统治而被捕入狱。在狱中他得到了典狱长女儿的悉心照料,两人萌生了爱情。瓦伦丁于公元270年2月14日殉难前,给姑娘写去了一封充满情意的信函。

浪漫的情人节礼物

最后一种传说是,情人节是为了纪念另一位名叫圣·瓦伦丁的人。这个人违背了罗马皇帝的命令,秘密地为人们撮合婚姻,结果事发被监禁而死。圣·瓦伦丁后来成为爱情的守护神。在公元7世纪,牧神节开始称为圣·瓦伦丁节。

当然还有人认为,中世纪人们选择2月14日为情人节,是因为他们认为这一天是百鸟交尾的日子,这对青年男女的爱情有着象征性的意义。基于上述的种种传说,在西方一些国家中,2月14日既是情人节,又是圣·瓦伦丁节。但是,情人节是大众的节日,而圣·瓦伦丁节却是宗教的节日。

如今的情人节习俗基本起始于19世纪,但现在已发生了变化。在情人节这一天,西方国家的一些大学和社会团体一般都要举行情人节舞会。会场周围缀满馨香扑鼻的鲜花,情人节的标志——鸡心、爱神丘比特的画像安放在会场醒目的地方。

情人节赠卡送信也不限于情人之间,男女同学或同事之间亦可相互赠送。现今的情人节不再只是成年人的节日,同时也是儿童的节日。

狂欢节(Carnival)

世界上不少国家都有狂欢节,这个节日起源于中世纪的欧洲,古希腊和古罗马的木神节、酒神节都可以说是其前身,有些地区还把它称之为谢肉节和忏悔节。该节日曾与复活节有密切关系。复活节前有一个为期40天的大斋期,即四旬斋。斋期里,人们禁止娱乐,禁食肉食,反省、忏悔以纪念复活节前3天遭难的耶稣,生活肃穆沉闷,于是在斋期开始之前的3天里,人们会专门举行宴会、舞会、游行,纵情欢乐,故有"狂欢节"之说。虽然现在已没有多少人坚守大斋期之类的清规戒律,但传统的狂欢活动却保留了下来,成为人们的重要节日。

欧洲和南美洲地区的人们都庆祝狂欢节,但各地庆祝节日的日期并不相同,一般来说,大部分国家都在2月中下旬举行庆祝活动。各国的狂欢节都颇具特色,但总的来说,都是以毫无节制地纵酒饮乐著称。其中最负盛名的要数巴西狂欢节。

最早的巴西狂欢节开始于1641年,当时的殖民统治者为了庆祝葡萄牙国王的寿辰,以法令规定民众在这一天游行、舞蹈、畅饮娱乐。经过300多年的发展,巴西狂欢节成了民间最重要的节日,灿烂的阳光、缤纷的华服、火辣的桑巴舞以及洋溢在男女老少脸上的笑容,构成了一幅浓郁的民俗风情画。

巴西狂欢节被称为世界上最大的狂欢节。在巴西的狂欢节上,每个人都不愿表现自我,而是想成全别人。有的男人希望自己拥有女性的特征;而有的平时内向的女性则大跳狂热的舞蹈,尽量地模仿他人的敏捷和有力动作。狂欢节中常常出现"易装癖",这是历史的产物。巴西狂欢节对女性化的狂热程度在世界上可以说是独一无二的。在巴西的狂欢节中,里约热内卢狂欢节是世界上最著名、最令人神往的盛会。该市狂欢节以其参加桑巴舞大赛演员人数之多、服装之华丽、持续时间之长、场面之壮观堪称世界之最。

相传里约热内卢狂欢节始于19世纪中叶。最初,狂欢节的规模不大,仅限于贵族举行的一些室内化装舞会,人们戴上从巴黎购买的面具,尽情地欢乐。1852年,葡萄牙人阿泽维多指挥的乐队走上了街头。随着节奏明快的乐曲,不管是黑人还是白人,也不管是穷人还是富人,男女老少都跳起来了,整个城市欢腾起来了。阿泽维多的这一行动获得了巨大的成功,成为里约热内卢狂欢节发展史上的一个里程碑,标志着狂欢节成了大众的节日。

狂欢节不仅给巴西人带来了欢乐,还吸引了众多游客,促进了旅游业,刺激了经济,已成为巴西人生活中不可或缺的一项重要内容,一年比一年更热闹。桑巴舞、狂欢节同足球一样,已成为巴西的象征。

世界著名又令人神往的里约热内卢狂欢节

国际劳动妇女节(International Working Women's Day)

3月8日是世界各国劳动妇女为争取和平民主、妇女解放而斗争的纪念日，这一天被称为国际劳动妇女节，简称三八节、妇女节。在这一天，世界各大洲的妇女，不分国籍、种族、语言、文化、经济和政治的差异，共同庆祝自己的节日。

设立国际妇女节的想法最先产生于20世纪初，当时西方各国正处在快速工业化和经济扩张阶段，恶劣的工作条件和低廉的工资使得各类抗议和罢工活动此起彼伏。1857年3月8日，美国纽约的制衣和纺织女工走上街头，抗议恶劣的工作条件和低薪。尽管后来当局出动警察攻击并驱散了抗议人群，但这次抗议活动促成了两年后的3月第一个工会组织的建立。

接下来的数年里，几乎每年的3月8日都有类似的抗议游行活动。其中最为引人注目的是在1908年，当时有将近15000名妇女走上纽约街头，要求缩短工作时间，增加工资和享有选举权等，并喊出了象征经济保障和生活质量的"面包加玫瑰"的口号。首次庆祝妇女节是在1909年2月28日，当时美国社会党发表了一项宣言，号召在每年2月的最后一个星期日举行纪念活动。

1910年8月，在丹麦哥本哈根召开的国际第二次社会主义者妇女大会上，德国妇女运动领袖克拉拉·蔡特金倡议设定一天为国际妇女节，得到与会代表的积极响应，并确定每年的3月8日为国际劳动妇女节。

国际劳动妇女节是全世界妇女的共同节日

纪念国际妇女节的活动后来还证明是俄国革命的前奏。1917年3月8日，当时的俄国妇女举行罢工，要求得到"面包与和平"。4天后，沙皇被迫退位，临时政府宣布赋予妇女选举权。十月革命成功之后，布尔什维克的女权活动家科伦泰说服列宁将3月8日设为法定假日。苏联时期，每年都会在这天纪念"英雄的妇女工作者"。不过在民众中，节日的政治色彩逐渐减弱而演变成类似西方的母亲节和情人节之类向女性表达尊敬和爱意的机会。至今，这天仍是俄罗斯的法定假日，男性会赠送礼物给妇女以祝贺她们的节日。

在西方国家，国际妇女节的纪念活动在20世纪二三十年代期间正常举行，但后来一度中断，直到20世纪60年代，才随着女权运动的兴起逐渐恢复。

联合国从1975年开始，每年于3月8日举办活动庆祝国际妇女节。对联合国而言，国际妇女节定为3月8日，且从1975年开始，但南非妇女节的时间有别于国际妇女节。1956年8月9日，数百名黑人妇女在比勒陀利亚举行示威游行，抗议当局推行种族隔离的"通行证法"。新南非政府将这一天定为妇女节，以纪念南非妇女在争取平等斗争中所做出的贡献，并将这一天定为全国公假日。从此，每年的8月9日，南非各地的妇女纷纷举行各种形式的庆祝活动，要求实现男女平等、结束党派冲突与暴力，保证妇女生存权益和反对性骚扰与性犯罪，以消除旧南非种族隔离制度造成的根深蒂固的歧视妇女的影响。

复活节（Easter）

复活节是为了纪念耶稣被钉上十字架，3天后死而复活的基督教节日。据说复活节（Easter）一词源于盎格鲁撒克逊民族神话中黎明女神的名字Eostre，它的原意是指冬日逝去后，春天的太阳从东方升起，把新生命带回。由于该词喻意新生，于是被基督教教徒借用过来表示生命、光明、欢乐的恩赐者耶稣再次回到人间。

公元325年尼西亚会议规定，每年春分月圆后的第一个星期日（于3月21日至4月25日之间）为复活节。16世纪西欧改用格里历后，正教因历法不同，复活节的具体日期同天主教、新教常相差一两个星期。

在欧美各国，复活节是仅次于圣诞节的重大节日。在复活节当天，西方国家人们所赠的礼品主要是鸡蛋。教堂、学校或有钱人家在这天一清早就把煮熟的鸡蛋藏在树穴、草丛或山石后面，邀请前来聚会的孩子们四处寻找，成为一天的主要活动。人们还把鸡蛋染成五颜六色，以增加喜庆气氛。后来又发展到把巧克力、糖果等做成鸡蛋模样，包上各色彩纸，互相赠送。因为鸡蛋在西方象征着死后又会复苏的生命。

复活节最好的礼物——彩蛋

复活节中最具代表性的吉祥物就是彩蛋和兔子了，这里面还有一个有趣的传说：旧时复活节前40天禁食鸡蛋。有一年复活节来临时，一位母亲为了给孩子们一个惊喜，便将煮好的鸡蛋涂上颜色藏在门外的草丛里，并告诉孩子们那片草丛中有复活节的惊喜。孩子们兴高采烈地仔细寻找，突然从草丛里蹿出一只兔子，而彩蛋也随即暴露出来，于是孩子们到处叫喊："复活节的惊喜是兔子给我们带来了彩蛋（Easter Egg）。"

最传统的复活节馈赠风俗是，人们在复活节时给孩子们送去活的小鸡、小鸭、小兔子等，但有的孩子太小往往不能细心地喂养这些小动物，所以变通的做法是，送孩子这些小动物的布绒玩具或其他替代品。

复活节也是向所关怀的人送鲜花、盆景、胸花等的节日，许多去做礼拜的人这天也向教堂献上花束，成人们则往往互赠贺卡或小件礼品，礼物大多与再生有关：如巧克力彩蛋、复活节小兔子、带绒毛的小鸡等。

愚人节（April Fool's Day/All Fool's Day）

每年的4月1日，是西方某些国家人民最开心的日子。在这一天，人们可以充分发挥自己的想象力，尽可能编造出一些耸人听闻的谎言，去调侃、哄骗、取笑、愚弄别人。只要在午夜12点以前，无论你做得多么过分，多么肆无忌惮，也不负法律和道义上的任何责任。而且，如果你能制造出荒诞至极的"新闻"，又能让人信以为真，还能荣获骗术"桂冠"呢！这一天，就是举世闻名的愚人节。

愚人节起源于法国。1564年，法国首先采用新改革的纪年法——格里历（即目前通用的阳历），以1月1日为一年之始。但一些因循守旧的人反对这种改革，依然按照旧历固执地在4月1日这一天送礼品，庆祝新年。主张改革的人对这些守旧者的做法大加嘲弄，在4月1日就给他们送假礼品，邀请他们参加假招待会，并把上当受骗的保守分子称为"四月傻瓜"或"上钩的鱼"。从此人们在4月1日便互相愚弄，成为法国流行的风俗。18世纪初，愚人节习俗传到英国，接着又被英国的早期移民带到了美国。

愚人节时，人们常常组织聚会，用水仙花和雏菊把房间装饰一新。典型的传统做法是布置假环境，可以把房间布置得像过圣诞节一样，也可以布置得像过新年一样。待客人来时，则祝贺他们"圣诞快乐"或"新年快乐"，令人感到别致有趣。

4月1日的鱼宴也是别开生面的。参加鱼宴的请帖，通常是用纸板做成的彩色小鱼。餐桌用绿、白两色装饰起来，中间放上鱼缸和小巧玲珑的钓鱼竿，每个钓竿上系一条绿色飘带，挂着送给客人的礼物或是一个精巧的赛璐珞鱼，或是一个装满糖果的鱼篮子。不言而喻，鱼宴上所有的菜都是用鱼做成的。

在愚人节的聚会上，还有一种做假菜的风俗。有人曾经描述过一个典型的愚人节菜谱：先是一道沙拉，莴苣叶上撒满了绿胡椒，但是把叶子揭开后，才发现下面原来是牡蛎鸡尾酒；第二道菜是"烤土豆"，其实下面是甜面包屑和鲜蘑；此后上的菜还有用蟹肉做伪装的烧鸡和埋藏在西红柿沙拉下面的覆盆子冰激凌。饭后，客人还可以从丸药盒里取食糖果。

不过愚人节最典型的活动还是大家互相开玩笑，用假话来捉弄对方。有的人把用细线拴着的钱包丢在大街上，自己在暗处拉着线的另一端。一旦有人捡起钱包，他们就出其不意地猛然把钱包拉走。还有人把砖头放在破帽子下面放在马路当中，然后等着看谁来了会踢它。小孩们会告诉父母说自己的书包破了个洞，或者脸上有个黑点，等大人俯身来看时，他们就一边喊着"四月傻瓜"，一边笑着跑开去。

愚人节给人们的生活增添了许多乐趣，本不是件坏事。但是开玩笑或愚弄人应该有个分寸，要适可而止，不要只是一味地追求骗术的高明，而不顾他人的承受性，也就是说不要把自己的一

过愚人节时，你可以尽情发挥自己的想象力。

时高兴建立在别人的痛苦之上。

国际劳动节（International Labor Day）

在节日里，不要忘了为劳动者献上一束鲜花

每年的5月1日是全世界无产阶级、劳动人民的共同节日——国际劳动节，它源于美国芝加哥城的工人大罢工。1886年5月1日，芝加哥的216000余名工人为争取实行8小时工作制而举行大罢工，经过艰苦的流血斗争，终于获得了胜利。为纪念这次伟大的工人运动，1889年7月第二国际宣布将每年的5月1日定为国际劳动节。这一决定立即得到世界各国工人的积极响应。1890年5月1日，欧美各国的工人阶级率先走向街头，举行盛大的示威游行与集会，争取合法权益。从此，每逢这一天世界各国的劳动人民都要集会、游行，以示庆祝。

有趣的是，美国政府后来在设立劳动节时，自行规定每年9月的第一个星期一为劳动节，所以美国人的劳动节不在5月，而在9月。每逢9月的劳动节，美国人可以放假一天，民众一般都会举行游行、集会等各种庆祝活动，以示对劳工的尊重。在一些州，人们在游行之后还要举办野餐会，热闹地吃喝、唱歌、跳舞。入夜，有的地方还会放焰火。

世界上大多数国家在劳动节时都会放假一天，不过，意大利却与众不同，尽管它承认这个节日，政府也表示尊重劳工，但一般人并不举行专门的庆祝活动，也没有全国性的假期。

国际儿童节（International Children's Day）

国际儿童节又称儿童节，它是保障世界各国儿童的生存权、保健权和受教育权，为了改善儿童的生活，为了反对虐杀儿童和毒害儿童的节日。

1925年8月在瑞士日内瓦召开的关于儿童福利的国际会议上，首次提出了"国际儿童节"的概念。这次大会有54个国家的爱护儿童代表，聚集在瑞士日内瓦举行"儿童幸福国际大会"，通过《日内瓦保障儿童宣言》。宣言中，对于儿童精神上应有的享受、贫苦儿童的救济、儿童危险工作的避免、儿童谋生机会的获得以及怎样救养儿童等问题，均有热烈讨论。

儿童节是小朋友们的节日

自此次大会后，一方面借以鼓舞儿童，让儿童感到幸福、快乐，另一方面也为引起社会重视与爱护，各国政府都先后规定"儿童节"。大多数国家通常定为每年的6月1日，个别国家由于文化习俗的不同，儿童节的日期也不尽相同。

国际护士节（International Nurses' Day）

每年的5月12日是国际护士节，世界各国的医院和护士学校将举办各种活动纪念护士职业的创始人、现代护理教育的奠基人、英国护理学先驱南丁格尔对护理事业所做出的卓越贡献。

1820年，南丁格尔出生于意大利佛罗伦萨一个富裕家庭，受过良好的教育。1850年，她不顾家人的反对，到德国学习护理知识。1853年出任伦敦患病妇女护理会监督。1854—1856年，在克里米亚战争中，南丁格尔以其人道、慈善之心为交战双方的伤员服务，被战地士兵称为"提灯女神"。

南丁格尔在前线照顾战士

被誉为"提灯女神"的南丁格尔

战争结束后，她被视为民族英雄。1857年，在她的努力下，皇家陆军卫生委员会和军医学校成立。1860年，她用公众捐助的南丁格尔基金建立了世界上第一所护士学校——南丁格尔护士学校。随后，她又着手助产士及济贫院护士的培训工作。她的《医院笔记》《护理笔记》等主要著作成为医院管理、护士教育的基础教材。1901年，她因操劳过度，不幸双目失明。1907年，为表彰南丁格尔在医疗工作中的卓越贡献，英王授予她功绩勋章，使她成为英国首位获此殊荣的妇女。1910年南丁格尔逝世。

在10英镑的纸币的背面，就是这位可敬的女士——南丁格尔。

1912年，国际护士理事会将南丁格尔的诞生日——5月12日定为国际护士节，作为世界各国的医院和护士学校为纪念南丁格尔举行各种活动的日子，目的在于激励护理战线上的"白衣天使"学习和发扬南丁格尔的精神，继承和发扬护理事业的光荣传统，把真诚的"爱心、耐心、细心、责任心"无私奉献给每一位患者，做好护理工作。最初称"医院日"，也称"南丁格尔日"，在中国称为"国际护士节"。同年，国际红十字委员会决定，每两年颁发一次南丁格尔奖章和奖状，作为对各国护士的国际最高荣誉奖。

在这天，大力宣传护理工作，鼓励护士们学习救死扶伤的人道主义精神，已经成为世界各国护理界的一件盛事。如今，在英国伦敦的街头还竖立着南丁格尔的一座铜像，在10英镑纸币的背面也印有她的半身像。

伦敦市内高耸的南丁格尔雕像，她是英国人民也是世界人民心中的英雄。

母亲节(Mother's Day)

母亲节是英美等国家为了表达对母亲的敬意而设的一个节日。在美国、加拿大和一些其他国家，每年5月的第二个星期日就是母亲节，在其他一些国家的日期并不一样。

母亲节起源于19世纪60年代的美国。据说当时在美国费城有一个小地方，人们之间的关系不十分友好，经常打架。当时有一位叫贾维斯的女士希望能改变这种状况，于是她就开始了一个所谓"母亲友谊节"（Mother's Friendship Day）。贾维斯在这一天去看望其他人的母亲，并劝她们和好如初。贾维斯于1905年5月9日去世，她的女儿安娜·贾维斯继承了她的事业，继续努力，并决心建立一个纪念母亲的节日。于是她开始给当时有影响的人写信，提出自己的建议。在她的努力下，费城于1908年5月10日第一次庆祝了母亲节。

每逢母亲节，做儿女的会送给自己的母亲节日贺卡、鲜花及母亲们喜欢的精美礼物等。同时，在这一天，父亲会领着子女们包揽家务，以便让做母亲的有个休息的机会。康乃馨被视为献给母亲的花。

康乃馨被视为献给母亲的花

父亲节(Father's Day)

人们在庆祝母亲节的同时，并没有忘记父亲的功绩。

1909年就开始有人建议确定父亲节。据说第一个提出这种建议的是华盛顿的约翰·布鲁斯·杜德夫人。杜德夫人的母亲早亡，父亲独自一人承担起抚养教育孩子的重任，把他们全部培养成人。

1909年，杜德夫人感念父亲的养育之恩，准备为他举行庆祝活动，同时，想到所有的父亲对家庭和社会的贡献，于是，她给当地一家教士协会写信，建议把6月的第三个星期日定为父亲节。该协会将建议提交给会员讨论，最终获得了通过。

1910年6月，人们庆祝了第一个父亲节。当时，凡是父亲已故的人都佩戴一朵白玫瑰，父亲在世的人则佩戴红玫瑰。这种习俗一直流传至今。但最初时，父亲节的日期各不相同，而且有的地方用蒲公英作为父亲节的象征，有的地方则用衬有一片绿叶的白丁香作为父亲节的象征。直到1934年6月，美国国会才统一规定6月的第三个星期日为父亲节。

父亲节这一天，子女们一早起来，自己动手为父亲做一顿丰盛的早餐，并亲手端到父亲床前。孩子们还要制作或购买一些精美的小礼品送给父亲，每年全美国要在5600万令人尊敬的父亲们身上花去十多亿美元的礼品费，但在礼品的种类上除了领带和雪茄烟外，其他东西很少。很多人认为给父亲买礼物最难，其实有很多有趣的、合适的礼物都会令父亲们开心的。

万圣节（Halloween）

按照基督教的习惯，每年的 11 月 1 日为万圣节，是纪念所有圣徒的日子。万圣节前夜是万圣节的前一天，即 10 月 31 日。

据说早在公元前，住在英伦三岛、爱尔兰、法国一带的凯尔特人每逢 10 月 31 日都要为残废和黑暗之神举行庆祝活动。这一天晚上，他们预备了许多美味佳肴，让善良的鬼来吃，还在旷野的山丘上燃起篝火，让明亮的火焰招来善鬼，驱走恶魔。这可能是鬼节的最早形式了。后来，"鬼节"又与基督教相结合，成为圣徒们的一个传统节日，并改称为"万圣节"，时间定于每年的 11 月 1 日。以后，这一节日逐渐从欧洲传入北美及世界其他一些地区。

这一天不论大人或小孩，都可以尽其所能地作怪，而不会招致异样的眼光。大部分的家庭会在院子里摆上几个南瓜或是和真人一般高的稻草人，并且在窗户上装饰小小的南瓜灯或是挂上一副骷髅；有些人也会在前门上方挂些蜘蛛网。爱热闹或是有年轻人在家的家庭则会举办化装舞会，或是将家里装饰成鬼屋！

当夜幕降临，孩子们便迫不及待地穿上五颜六色的衣服，戴上千奇百怪的面具。他们有的会披上漆黑的长衫，骑着魔帚，扮作女巫；有的裹上白床单装鬼；有的戴上画有骷髅旗的帽子扮成海盗；不少孩子手中还提有一盏南瓜做成的杰克灯。他们来到邻居家门前，威吓般地喊着"Trick or Treat"（恶作剧还是请客）。如果有人不用糖果、零钱款待他们，这些调皮的孩子有时就把人家门上的拉手涂上东西，或把别人的猫涂上颜色。当然，大多数人都非常乐于款待这些天真烂漫的小客人。所以当夜色消逝时，孩子们总是肚子塞得饱饱的、口袋装得满满的回到家里。

至于大人们，不想出门凑热闹的就必须准备一大堆糖果零食等小孩上门，或充当小朋友的保姆一起"Trick or Treat"。不甘心白白待在家里的，能玩的就多了，最热闹的地方莫过于万圣节大游行。

参加游行的人不一定要化装，人们摩肩接踵地走着，走到哪儿看到哪儿，大家在路上聊天照相，观看走过的各式各样牛鬼蛇神或风情万种的窈窕淑"男"。

万圣节前后，大约从 10 月底到 11 月初，各大主题乐园或游乐场都会推出一年一度的惊恐大餐，而在洛杉矶区最有名的就是纳氏草莓园的"猛鬼出笼"，当然，环球影城和魔术山也不会错过这个节日。不要认为自己胆子非常大，当你走在漆黑一片的阴森森的公园中，被突如其来的怪兽抓一下，保证不被吓死也剩半条命了！还有一处比较另类的恐怖园，就是闻名遐迩的鬼船——玛丽皇后号。每当夜幕低垂，船上的魑魅魍魉即开始活跃，等待着不知情的游客到来。

万圣节的南瓜

感恩节（Thanksgiving）

每逢11月的第四个星期四，美国人民便迎来了自己最重要的传统民俗节日——感恩节。这个节日始于1621年。那年秋天，远涉重洋来到美洲的英国移民，为了感谢上帝赐予的丰收和印第安人的帮助，将玉米、南瓜、火鸡等制作成佳肴，请印第安人共享，并举行了3天的狂欢活动。从此，这一习俗就延续下来，并逐渐风行各地。1863年，美国总统林肯将它定为国家假日，并且规定每年11月的第四个星期四为美国的感恩节。

今天，在美国人心目中，感恩节是比圣诞节还要重要的节日。首先，它是一个长达4天的假期，足以使人们尽情狂欢、庆祝。其次，它也是传统的家庭团聚的日子。感恩节期间，散居在他乡外地的家人，都要赶回家过节，这已经成了全国性的习俗。此外，美国人一年中最重视的一餐就是感恩节的晚宴。在美国这个生活节奏很快、竞争激烈的国度里，平日的饮食极为简单。但在感恩节的夜晚，家家户户都大办筵席，物品之丰盛，令人咋舌。在节日的餐桌上，上至总统，下至庶民，火鸡和南瓜饼都是必备的。因此，感恩节也被称为"火鸡节"。

尽管感恩节是合家团圆的日子，每年节日期间，仍然有成千上万人抽出余暇，前往普利茅斯港参观、游览，重温美国的历史。

和美国一样，加拿大也有自己的感恩节，只是加拿大的感恩节安排在10月的第二个星期一，也是为了庆祝丰收的。人们一般聚在一起，吃可口的烤火鸡、南瓜馅饼和梅果，并且互相感谢。值得一提的是，加拿大的感恩节起源于英国，它的许多习俗都是起源于英国的。这或许因为，在加拿大这片广阔的土地上，也生活着许多英国移民的后裔吧！

感恩节的餐桌是如此的丰盛

圣诞节（Christmas）

在圣诞节，圣诞老人的形象随处可见。

每年的12月25日是基督徒最盛大的节日——圣诞节，又称"耶稣圣诞瞻礼""主降生节"。公元4世纪前，每逢冬至日（约12月25日）罗马人都要祭拜太阳神。公元4世纪初，基督教会"移植"了这一风俗，把这一在罗马帝国流行的太阳神节日定成了耶稣基督的诞生日。公元354年，罗马帝国西部拉丁教会年历中首次写明12月25日为耶稣基督诞生日，而这就是圣诞节的起源。

圣诞节本是一个宗教性的节日，后来逐渐演变成一个具有民族风格的全民性的节日，在美国、英国、加拿大、德国、意大利、澳大利亚等西方国家，甚至非洲、东南亚一些国家都很盛行。圣诞节是欧美国家一年中最重要的节日，颇似中国的春节。圣诞节节期往往持续二周，期间会有各种庆祝活动。

▶圣诞贺卡和圣诞礼品

按照习俗，过圣诞节时人们都互赠圣诞贺卡和圣诞礼品。贺卡可以在商店买到，也可以自制，只要写上祝词和自己的姓名就可以了。赠贺卡一般要根据对方的年龄、兴趣爱好以及与自己的关系等，不仅同事、同学、朋友之间互赠，家庭成员之间也有互赠贺卡和礼品的习惯。这是一种最普通的庆祝圣诞节的活动。

▶圣诞树

圣诞树是圣诞节最重要的装饰点缀物，树上挂满了闪闪发光的金银纸片、用棉花制成的雪花和五颜六色的彩灯、蜡烛、玩具、礼物等装饰品。当彩灯点亮后，圣诞树光华四射，分外迷人。这时大人们会站在一旁欣赏圣诞树，孩子们则手舞足蹈，甚至手拉手地围着圣诞树跳起欢快的舞蹈。有时做游戏，一家人蒙上眼睛，轮流到圣诞树前摸彩，取得自己的礼物。

▶圣诞老人

在圣诞节里，除去圣诞树是必备之物外，人们还忘不了和蔼可亲的圣诞老人。在公共场所、贺年卡上到处都有圣诞老人的形象，有时在家里也由一人扮成圣诞老人，为大家分发礼物。在人们的想象中，圣诞老人留着一脸银白色的胡须，身穿一件镶有白毛皮边的红外套。他总是乐呵呵的样子，为圣诞节增添了欢乐的气氛。

▶圣诞餐

圣诞餐是圣诞节当天的主餐，有的家庭把它安排在中餐，有的把它安排在晚餐。这餐饭主要是家人聚餐，一般不邀请客人。圣诞餐中的主要食品是火鸡或烤鹅、布丁及各类小甜饼等。吃圣诞餐时，往往要多设一个座位，多放一份餐具，据说这是为"主的使者"预备的，也有的说是为一个需要帮助的过路人而准备的。

▶圣诞夜

圣诞夜（12月24日晚至25日晨）又称平安夜，届时，基督教徒们组织歌咏队到各教徒家去唱圣诞颂歌，传报佳音。

第 11 章

全世界共有160多个国家,而各个国家由于生活习惯的不同,在日常生活中以及与人交往中也就有了不同的禁忌风俗。为了全面了解各个国家的人文知识,我们在这里简单地介绍一些国家的禁忌,以供参考。

世界各国的禁忌

涉外活动禁忌

涉外活动中的言行忌

举止忌：严忌姿势歪斜，手舞足蹈，以手指人，拉拉扯扯，相距过近，左顾右盼，目视远处，频频看表，舒伸懒腰，玩弄东西，抓耳挠腮。

语言忌：严忌荒唐淫秽，不要涉及他人履历、女子私事、工资收入、私人财产、衣饰价值等，更不要批评尊长、非议宗教、嘲弄异俗。

语气忌：严忌大声辩论，高谈阔论，恶言恶语，寻根问底，争吵辱骂，出言不逊。

礼遇忌：严忌冷落他人，独谈到底，轻易表态，打断异议，纠缠不止，随意插话，随意辞别。

涉外活动中的拍照忌

在涉外活动中，人们在拍照时，不能违反特定国家、地区、民族的禁忌。凡在边境口岸、机场、博物馆、住宅私室、新产品与新科技展览会、珍贵文物展览馆等处，严忌随意拍照。在被允许的情况下，对古画及其他古文物进行拍照时，严忌使用闪光灯。凡在"禁止拍照"标志的地方或地区，人们应自觉忌讳拍照。在通常情况下，应忌讳给不相识的人（特别是女子）拍照。

涉外活动中的卫生忌

个人卫生忌：忌蓬头垢面，忌衣装鞋帽或领口袖口不洁。在正式场合，忌讳挖眼屎、擤鼻涕、抠鼻孔、挖耳秽、剔牙齿、剪指甲等不卫生的动作。患有传染病的人严忌参加外事活动。

环境卫生忌：切忌随地吐痰、乱弹烟灰、乱丢果皮纸屑或其他不洁之物，忌讳把雨具及鞋下的泥水、泥巴等带入室内，忌讳把痰盂等不洁器具放在室内醒目的地方。

舞蹈是儿童的天性，快乐是没有国界的。

商业活动中的禁忌

东南亚： 与东南亚商人洽谈商务时，严忌跷起二郎腿，乃至鞋底悬着颠来颠去。否则，必引起对方反感，交易会当即告吹。

中东： 中东阿拉伯国家的商人，往往在咖啡馆里洽谈贸易。与他们会面时，宜喝咖啡、茶或清凉饮料，严忌饮酒、吸烟、谈女人、拍照。

南美： 赴南美洲做生意的人，为了入境随俗，在洽谈贸易的过程中，宜穿深色服装，谈话宜亲热并且距离靠近一些，忌穿浅色服装，忌谈当地政治问题。

俄罗斯： 俄罗斯及东欧诸国，对待西方商人是极其热情的。在同俄罗斯人洽谈贸易时，切忌称呼"俄国人"。

法国： 到法国洽谈贸易时，严忌过多地谈论个人私事，因为法国人不喜欢大谈家庭及个人生活的隐私。

德国： 德国商人很注重工作效率，因此，在同他们洽谈贸易时，严忌神聊或节外生枝地闲谈。德国北部地区的商人均重视自己的头衔，当与他们一次次热情握手、一次次称呼其头衔时，他必然格外高兴。

瑞士： 给瑞士的公司寄信，收信人应写公司的全称，严忌写公司工作人员的名字。因为如果收信人不在，此信永远也不会被打开的。瑞士人崇拜老字号的公司，如果你的公司建于1895年前，那么你应在工作证件上或名片上特别标示出来。

美国： 与美国人洽谈贸易时，不必过多地握手与客套，贸易谈判可直截了当地进入正题，甚至从吃早点时即可开始。

芬兰： 与芬兰商人洽谈时，应重视行握手礼，应多呼其"经理"之类的职衔。谈判地点多在办事处，一般不在宴会上。谈判成功之后，芬兰商人往往邀请你赴家宴与洗蒸汽浴，这是一种很重要的礼节。如你应邀赴宴时，忌讳迟到，且不要忘记向女主人送上5朵或7朵（忌双数的）鲜花。在主人正式敬酒之前，客人不宜先行自饮。在畅谈时，忌讳谈当地的政治问题。

英国： 到英国洽谈贸易时，有三条忌讳：忌系有纹的领带，因为带纹的领带可能被认为是军队或学生校服领带的仿制品；忌以皇室的家事为谈话的笑料；不要把英国人称呼为"英国人"。

到英国洽谈贸易时，不要系带有图纹的领带。

日常风俗中的禁忌

日本人：用绿色做装饰色——不祥之色。
捷克人：用红三角做标志——巨毒的标记。
不丹人：留山羊胡子——越轨行为。
印度人：在丧礼中节哀——有悖礼教。
沙特人：下象棋——象征弑君叛逆。
伊拉克人：日常生活中使用蓝色——魔鬼的象征。
土耳其人：用花颜色装饰房间——不吉利的象征。
　　　　　用绿三角做标志——免费样品标记。
印尼的爪哇人：晚间出门吹口哨——招鬼、遇灾。
匈牙利人：打破玻璃器皿——逆运的先兆。

如此可爱的小猫在希腊却成了禁忌

匈牙利人忌讳打碎玻璃器皿

比利时人：蓝色服装，以蓝色物做装饰——不祥，恶兆。
英国人：在公共场合直接提"厕所"一词——不礼貌。
法国人：用核桃待客或做装饰物——不吉祥。
巴西人：用黄与紫的调配色做装饰色——引起恶兆。
意大利人：以手帕为礼品——亲友分离。
　　　　　在房间、门厅、过道、车内吹过堂风——招致患病。
希腊人：养猫、玩猫、爱猫——引人至阴间。
埃塞俄比亚人：出门做客时穿黄色服装——哀悼死者。
西方人：用棕色物送礼或装饰——邪恶凶丧之色。
　　　　偶然弄洒了盐——坏运气之兆。
　　　　在公共场合谈不吉利的话——招邪致灾。
　　　　打破镜子——坏运的征兆。
国际间：用三角形做标记——警告的标记。
多国人：用左手握手或递物于客——不敬，侮辱。
中东地区人：用左手给别人递物——左手不洁。
南美（印第安人）：在陌生人面前说出自己的真名——带来不幸。
欧美人：用左手握手，让贵宾坐于左侧——失敬、卑下。
欧美妇女：新娘在婚礼前试穿结婚礼服——姻缘破裂。

日常生活中的禁忌

欧洲人只有在丧礼上才穿黑色的衣服

杜鹃在许多欧洲人眼中是不吉利的

数字忌：忌讳"13"，甚至星期五和每月的13日也被忌讳，认为这些数字包含着凶险。相反，西方人却对"3"和"7"十分喜欢，认为这两个数字包含着吉利。

询问忌：忌讳询问别人的年龄、工资、家室以及其他私事。

床位忌：严忌把床对着门摆放。

颜色忌：欧洲人多忌黑色，认为黑色是丧礼之色。

碎镜忌：严忌打碎镜子，认为碎镜能使人背运。若犯此忌，则可趁月圆之时，暗自将衣袋内的硬币翻过来，以示解救。

花色忌：许多欧洲人忌讳黄色花，并认为菊花、杜鹃包含着不吉利。

礼节忌：一切礼节均应先女后男，切忌相反。

衣物忌：西方人对自己的衣物及行装有随意乱放的习惯，但忌讳别人乱动。

折柳忌：切忌折断飘来的柳条，认为此忌可以防止失恋之苦。

婚服忌：新娘在结婚之前忌讳试穿礼服。据说，此忌可防婚姻破裂。

婚期忌：除英国人外，多数西方人严忌星期六结婚，认为此日非黄道吉日。

握手忌：对长者、女子或陌生人，忌主动而随便地握手。

行走忌：在行进中，忌醉步摇斜、随地吐痰或乱扔废物。

路谈忌：路遇熟人时，忌在路中央交谈或在路旁久谈；与女子路谈，应边走边谈，忌在路边立谈。

做客忌：到亲友家做客，进门后切忌不脱帽和带雨具；与女子对坐，切忌吸烟。

会客忌：会见客人时，忌坐姿歪斜和搞小动作，忌家人吵骂或看表询问时间。

慰问忌：探病时，忌久谈；吊唁时，忌先提及死者。

扶老忌：欧美的老人，多忌讳由别人来搀扶。他们认为这有损于体面，是受轻视的一种表现。

对花朵的禁忌

根花忌：探视病人时，日本人严忌以根花（包括盆花）为礼，因为日文的"根"字与"睡"字的发音相同。

盆花忌：在通常以花为礼的交往中，许多欧洲人爱用切花，忌用盆花，但在复活节之际，可用盆栽的风信子为礼。

干花忌：除人造花之外，波兰人忌送干花或枯萎的花。波兰人认为，送干花或枯花，意味着情谊的终结。

双花忌：波兰人与罗马尼亚人以花为礼时，所用的花束必须是单数，即使一枝也可，忌讳双数，但罗马尼亚人的生日除外。

山茶花忌：日本人在探望病人时，忌用山茶花、仙客来、淡黄花及白花。因为山茶花凋谢时整个花头落地，不吉利；仙客来花，日本念为"希苦拉面"，而"希"同日文的"死"发音相同；淡黄花与白花，多为日本人不喜欢。

白花忌：在欧洲，人们以花为礼时，除生日与命名日之外，一般忌用白色鲜花。

香花忌：一些欧洲国家，在探望病人时，往往忌用香气浓烈的或具有特殊象征性的鲜花。送给中年人的，忌用小花；送给年轻人的，忌用大花。

菊花忌：在许多欧洲国家，人们忌用菊花为礼。传统习俗认为：菊花是墓地之花。日本人忌用菊花做室内装饰，认为菊花是不吉祥的。

黄花忌：法国人忌送黄花。法国传统的习俗认为：黄色花象征着不忠诚。

妖花忌：许多拉丁美洲人将菊花视为"妖花"，他们忌用菊花装饰房间，忌以菊花为礼。

紫花忌：巴西人忌用绛紫色的花为礼，因为巴西人惯以紫花为葬礼之花。

菊花在许多欧洲国家忌用为礼

山茶花

外国人送花的禁忌

随着国际交往的日益增多，青少年朋友也有了接近外国友人的机会。有时为了表示友好，我们会送些鲜花表达情意。这个过程中有很多禁忌，因为不同的花在不同的国家表示不同的感情。

在英国人和加拿大人眼中百合花代表着死亡。
德国人视郁金香为"无情之花"，送此花给他们代表绝交。

法国人忌讳黄色的花，因为在法国黄色的花是不忠诚的表示。
在印度和欧洲国家，玫瑰和白色百合花是送给死者的虔诚悼念品。
在俄罗斯、南斯拉夫等国家，送鲜花一定要送单数，因为双数被视为不吉祥。
在拉丁美洲，千万不能送菊花，人们将菊花视为一种"妖花"，只有人死了才会送一束菊花。
在意大利、西班牙、德国、法国、比利时等国，菊花象征着悲哀和痛苦，绝不能作为礼物相送。
在巴西，绛紫色的花主要是用于葬礼的，不能随便送；看望病人时，不要送那些有浓烈香气的花。
日本人讨厌莲花，认为莲花是人死后的那个世界用的花；如果送菊花给日本人的话，只能送那种只有15片花瓣的。
与德国人、瑞士人交往，不要送红玫瑰给他们或他们的妻子，因为红玫瑰代表爱情，会使他们误会。
罗马尼亚人什么颜色的花都喜欢，但一般送花时，送单不送双，过生日时则例外。如果您参加朋友的生日酒会，将两枝鲜花放在餐桌上，那是最受欢迎的。